Dirección editorial: Ana Doblado
Textos: Francisco Arredondo, *delicado diseño* y Equipo Susaeta
Ilustraciones: Lidia di Blasi
Diseño y realización: *delicado diseño*

© SUSAETA EDICIONES, S.A. - Obra colectiva
Campezo, 13 - 28022 Madrid
Tel.: 91 3009100 - Fax: 91 3009118
Impreso y encuadernado en España
www.susaeta.com

Cualquier forma de reproducción, distribución, comunicación pública o transformación
de esta obra solo puede ser realizada con la autorización de sus titulares, salvo excepción
prevista por la ley. Diríjase a CEDRO (Centro Español de Derechos Reprográficos)
si necesita fotocopiar o escanear algún fragmento de esta obra
(www.conlicencia.com; 91 702 19 70 / 93 272 04 47).

ENCICLOPEDIA de Dinosaurios

susaeta

Índice general

La Tierra... ¡no para de moverse! 8
Los continentes han cambiado 10
La historia de la Tierra 12

Animales anteriores o contemporáneos de los dinosaurios

- Hylonomus 16
- Dimetrodon y Edaphosaurus 18
- Moschops y Lycaenops 21
- Icarosaurus y Longisquama 22
- Placodus y Nothosaurus 24
- Tanystropheus 26
- Postosuchus y Placerias 28
- Ichtyosaurus 30
- Elasmosaurus y Mosasaurus 32
- Deinosuchus 34

Periodos prehistóricos
- CARBONÍFERO
- PÉRMICO
- TRIÁSICO
- JURÁSICO
- CRETÁCICO

Pterosaurios

- Quetzalcoatlus 38
- Pteranodon 40

Dinosaurios

- Los dinosaurios más pequeños 44
- Los dinosaurios más grandes 46
- Dos tipos de dinosaurios 48
- Eoraptor y Herrerasaurus 50
- Plateosaurus 52
- Dilophosaurus 54
- Stegosaurus 56
- Allosaurus 58
- Ceratosaurus 60

🟩 Diplodocus	62	
🟩 Apatosaurus	64	
🟩 Camarasaurus	66	
🟩 Brachiosaurus	68	
🟩 Archaeopteryx y Ornitholestes	70	
🟪 Baryonyx	72	
☐ Los dinosaurios herbívoros	74	
🟪 Iguanodon	76	
🟪 Polacanthus y Carcharodontosaurus	78	
🟪 Ouranosaurus	80	
🟪 Amargasaurus	82	
🟪 Acrocanthosaurus	84	
🟪 Spinosaurus	86	
🟪 Psittacosaurus	88	
☐ Los pico de pato	90	
🟪 Parasaurolophus	92	
🟪 Corythosaurus	94	
🟪 Maiasaura	96	
🟪 Oviraptor	98	
🟪 Gallimimus	100	
☐ ¿Dinosaurios o aves?	102	
☐ El camuflaje	104	
🟪 Deinonychus y Tenontosaurus	106	
🟪 Velociraptor y Protoceratops	108	
☐ Enormes cabezas con cuernos	110	
🟪 Carnotaurus	112	
🟪 Chasmosaurus	114	
🟪 Pentaceratops	116	
🟪 Triceratops y Therizinosaurus	118	
☐ Las defensas de los dinosaurios	120	
🟪 Tarbosaurus y Saichania	122	
🟪 Pachycephalosaurus	124	
🟪 Stygimoloch	126	
🟪 Stenonychosaurus	128	
🟪 Saltasaurus	130	
🟪 Tyrannosaurus	132	

☐ Dos grandes carnívoros	134
☐ Tipos de pies	136
☐ Clases de terópodos	138

Explicaciones científicas

☐ La extinción de los dinosaurios	142
☐ La teoría del meteorito	144
☐ ¿Y después de los dinosaurios? ¡Los mamíferos!	146
☐ Los fósiles	148
☐ Formación de un fósil	150
☐ Cómo se extraen los fósiles	152
☐ Reconstruir dinosaurios	154
☐ Los dinosaurios en los museos	156
☐ Los dinosaurios por dentro	158
☐ Yacimientos en Europa	160
☐ Yacimientos en África	162
☐ Yacimientos en Asia	164
☐ Yacimientos en Norteamérica	166
☐ Yacimientos en Sudamérica	168
☐ Yacimientos en Australia	170
☐ Yacimientos en la Antártida	171

Índice alfabético 172

La Tierra... ¡no para de moverse!

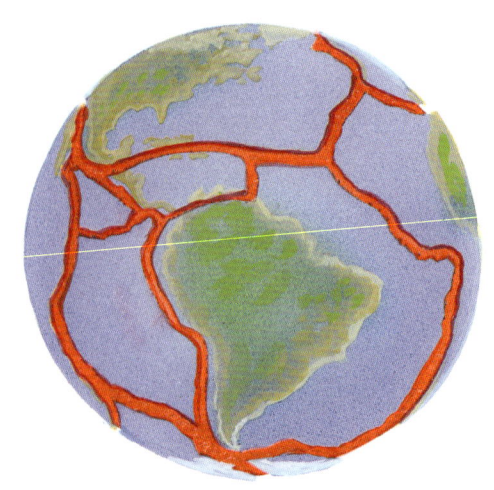

Hace millones de años que la masa terrestre se mueve, los continentes se separan lentamente, y las placas chocan entre sí formando cordilleras y montañas.
¿Se estabilizará algún día la Tierra?

Las placas al deslizarse producen una fricción a lo largo de la línea de la falla y pueden generar un terremoto.

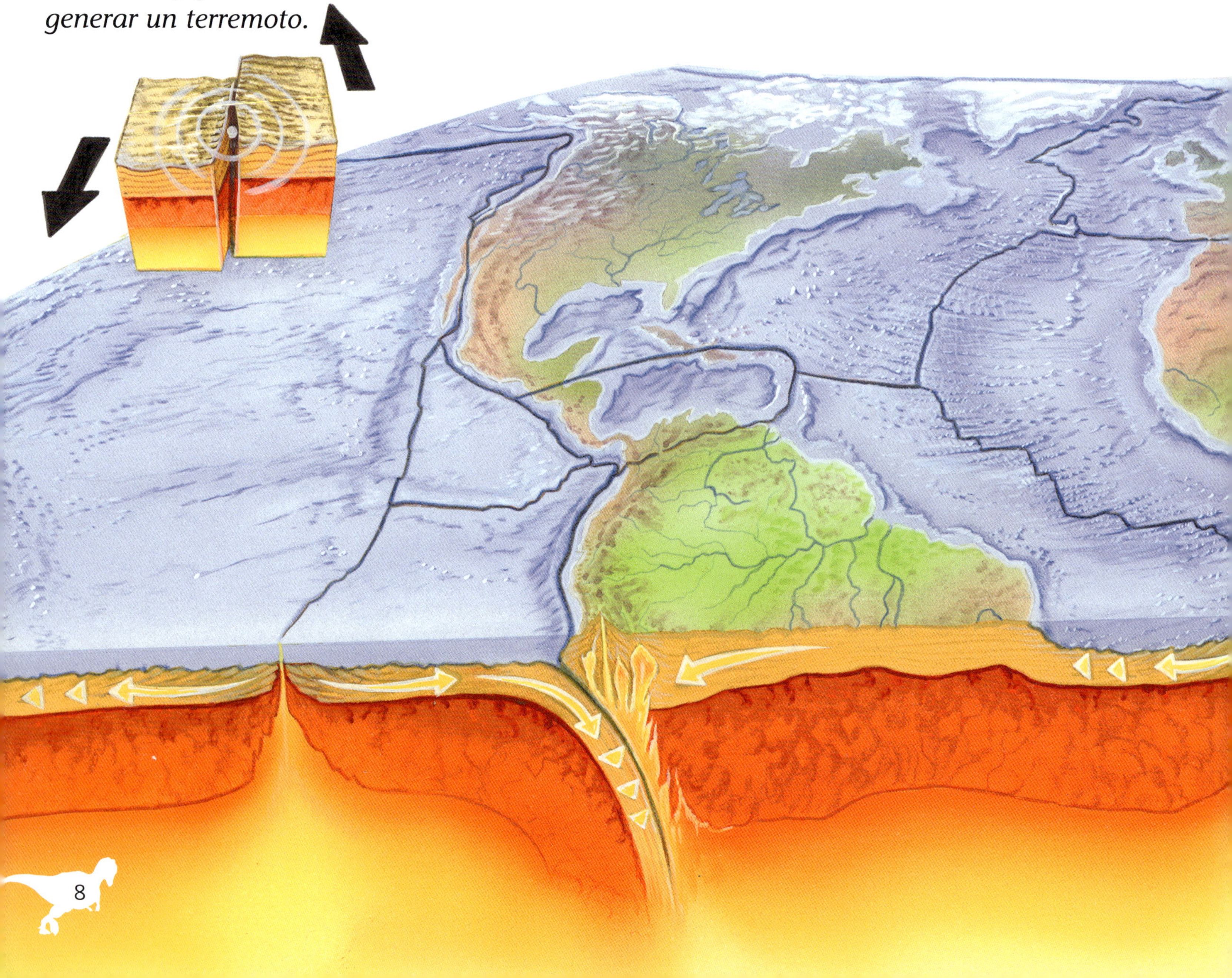

La corteza terrestre está formada por placas tectónicas, oceánicas y continentales. Estas placas están en continuo movimiento.

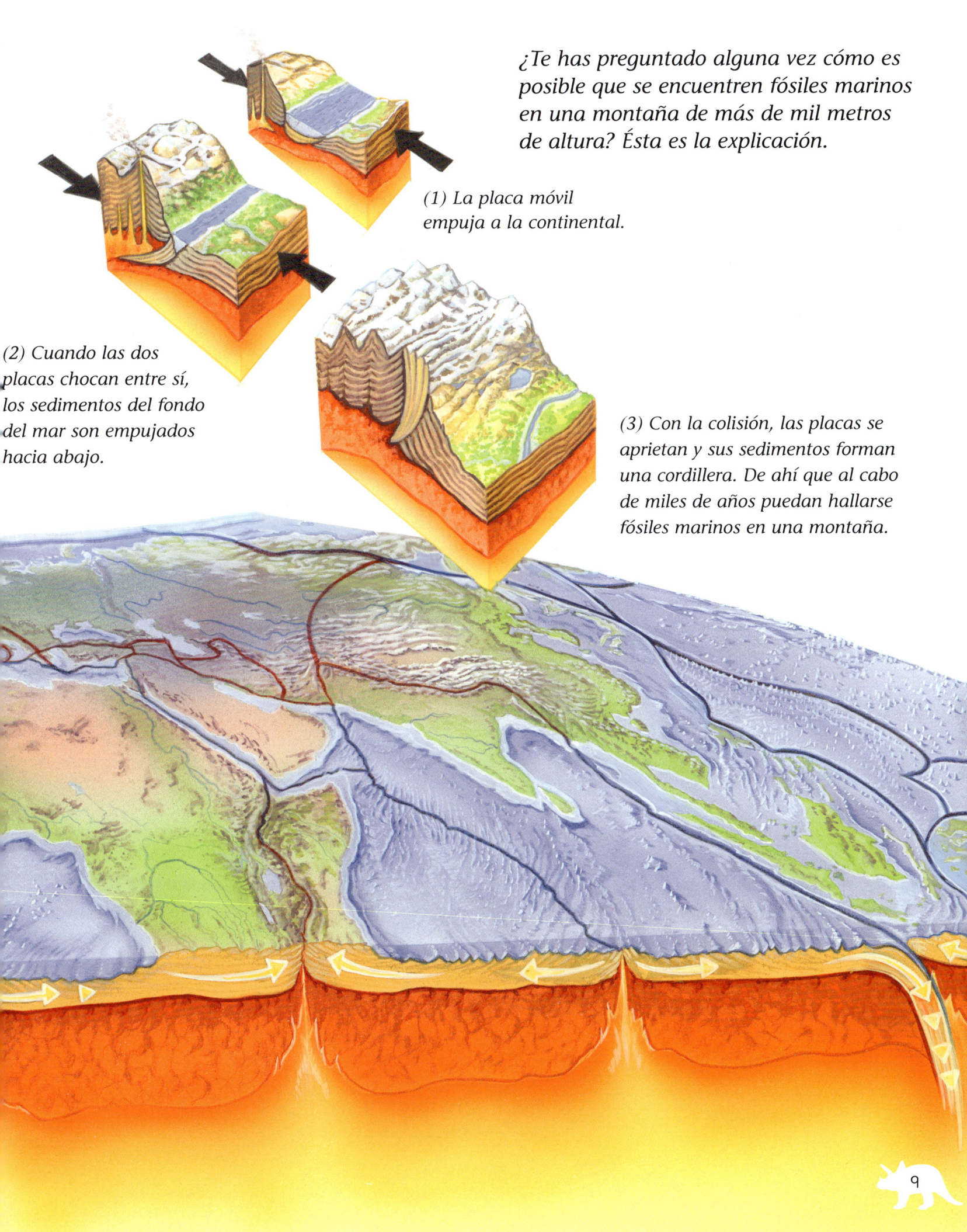

¿Te has preguntado alguna vez cómo es posible que se encuentren fósiles marinos en una montaña de más de mil metros de altura? Ésta es la explicación.

(1) La placa móvil empuja a la continental.

(2) Cuando las dos placas chocan entre sí, los sedimentos del fondo del mar son empujados hacia abajo.

(3) Con la colisión, las placas se aprietan y sus sedimentos forman una cordillera. De ahí que al cabo de miles de años puedan hallarse fósiles marinos en una montaña.

*En el **Triásico** todos los continentes estaban fusionados en un supercontinente llamado Pangea.*

*En el **Jurásico** el continente se empezó a separar formándose lo que sería el océano Atlántico. Las aguas separaron Europa de Asia.*

Los continentes han cambiado

El planeta Tierra, igual que los seres vivos que lo pueblan, ha sufrido cambios importantes. Estos mapas muestran las transformaciones que experimentaron los continentes a lo largo de millones de años, en los periodos geológicos en que vivieron los dinosaurios.

A **comienzos del Cretácico** los continentes se separaron aún más y las masas de tierra empezaron a dividirse en más fragmentos.

A **finales del Cretácico** se habían ido separando América del Sur y África, América del Norte y Europa. Se formaron los continentes tal como los conocemos hoy.

La historia de la Tierra

Para hacernos una idea de la vida de nuestro planeta, hemos «comprimido» sus 5.000 millones de años de existencia en un reloj de tan sólo 12 horas. El **Homo sapiens** (o sea, ¡nosotros!) no ocupa más que el último segundo de esas 12 horas.

Desde que aparecieron las primeras formas de vida al comienzo del Cámbrico hasta nuestros días, han transcurrido sólo 90 minutos.

Cámbrico
Ordovícico
Silúrico
Devónico
Carbonífero
Pérmico
Triásico
Jurásico
Cretácico
Terciario y Cuaternario

Periodo Proterozoico

Periodo Arcaico

Todo el tiempo anterior al surgimiento de la vida, el llamado **Precámbrico**, que incluye los periodos Arcaico y Proterozoico, ocupa más de 10 de las 12 horas.

¡La existencia del hombre ocupa tan sólo el último segundo!

ANIMALES ANTERIORES o CONTEMPORÁNEOS de los DINOSAURIOS

Hylonomus
El reptil más antiguo

Pertenece al grupo de reptiles más primitivos que se conocen, junto con las tortugas marinas y terrestres. Se han hallado fósiles de Hylonomus dentro de unos troncos petrificados.

Al parecer, hace millones de años un bosque se inundó. Cuando las aguas se retiraron, el Hylonomus fue en busca de insectos y quedó atrapado.

CARBONÍFERO

Hylonomus

Hylonomus Son los reptiles más primitivos porque no tienen ninguna abertura en el cráneo. Este rasgo se observa también en los cráneos de las tortugas marinas y terrestres, que han sido las únicas supervivientes del grupo. Se alimentaba de insectos y otros invertebrados. Por su forma y tamaño debía de tener un aspecto muy similar al de las actuales lagartijas.

Pequeños como largartijas

HYLONOMUS: Su nombre se asocia a la madera, pues fue encontrado en troncos. ● **Descubrimiento:** se halló en Nueva Escocia (Canadá). ● **Dimensiones:** medía 20 cm. ● **Época:** finales del Carbonífero.

Dimetrodon y Edaphosaurus
Los reptiles con vela

Pertenecen al grupo de los pelicosaurios, nombre que significa «reptiles vela». Son los reptiles pseudomamíferos más primitivos que se conocen. La «vela» les servía para regular la temperatura del cuerpo.

«Reptil terrestre»

EDAPHOSAURUS significa «reptil terrestre». ● **Descubrimiento:** fue hallado en Europa y Norteamérica. ● **Dimensiones:** medía 3 m de longitud y 1,5 m de altura. ● **Época:** comienzos del Pérmico.

Dimetrodon Era un reptil *carnívoro* pues poseía grandes dientes afilados. Su *vela* funcionaba como un panel solar que *le calentaba* la sangre y el cuerpo, o al revés, si la temperatura corporal era excesiva, la brisa o la sombra que le diera a la vela le bajaba la temperatura y así *le refrescaba*.

«Dos dientes largos»

DIMETRODON significa «dos dientes largos». ● **Descubrimiento**: fue hallado en Texas. ● **Dimensiones**: medía 3 m. ● **Época**: comienzos del Pérmico.

Edaphosaurus Era muy similar en aspecto al Dimetrodon, aunque la *mayor superficie de su vela* haría que funcionase aún mejor. Sin embargo, era un animal mucho más pacífico, ya que este reptil era *herbívoro* pues poseía dientes más cortos.

Por la forma y el tamaño de los dientes, se sabe si el animal era carnívoro o herbívoro.

«Cara de ternero»

MOSCHOPS significa «cara de ternero». ● **Descubrimiento:** se han hallado fósiles en Sudáfrica. ● **Dimensiones:** medía 5 m. ● **Época:** finales del Pérmico.

Moschops Era una especie primitiva de cuerpo fuerte y *rechoncho*, con una *enorme cabeza* que le daba un aspecto grotesco. Se cree que *competía dando cabezazos* contra el enemigo. Sus dientecillos, aptos para mordisquear, indican que *se alimentaba de plantas*.

Moschops y Lycaenops
Antepasados de los mamíferos

PÉRMICO

Son antecesores de los mamíferos y los sucesores de los pelicosaurios. Se diferencian de los reptiles primitivos en que poseen una cola mucho más corta y las patas más largas, las cuales están metidas debajo del cuerpo, por lo que caminan sobre ellas.

Lycaenops Era de cabeza grande y dientes especializados para manejar presas, pues contaba con dos enormes *colmillos*. Este *carnívoro* tenía *aspecto lobuno* y era un corredor muy veloz, dada la longitud de sus patas.

Los enormes colmillos del Lycaenops le daban ventaja sobre sus adversarios.

«Cara de lobo»

LYCAENOPS significa «cara de lobo».
● **Descubrimiento:** fue hallado en Sudáfrica. ● **Dimensiones:** media 5 m. ● **Época:** finales del Pérmico.

Icarosaurus y Longisquama
Los reptiles planeadores

Algunos de los pequeños reptiles más primitivos podrían haber sido los primeros vertebrados en desplazarse por el aire planeando.

Como el mito de Ícaro

ICAROSAURUS significa «reptil Ícaro» en alusión al mito griego del hombre que quiso volar. • **Descubrimiento:** se encontró en Nueva Jersey. • **Dimensiones:** medía unos 18 cm. • **Época:** finales del Triásico.

Icarosaurus Podía planear en distancias cortas, gracias a una *membrana* de piel sostenida por una serie de *costillas muy alargadas*. Por la forma y delicadeza de esta especie de alas, es evidente que no pudo volar, pero sí *planear de una rama de árbol a otra* en la exuberante selva tropical que debía de haber entonces.

Hace 240 millones de años había pequeños reptiles que eran capaces de saltar y planear en el aire.

22

TRIÁSICO

Icarosaurus y Longisquama

«Largas escamas»

LONGISQUAMA significa «largas escamas». ● **Descubrimiento:** fue encontrado en Turquestán. ● **Dimensiones:** medía 15 cm. ● **Época:** principios del Triásico.

Longisquama A lo largo de la columna vertebral tenía una *doble hilera de placas óseas* móviles, a modo de escamas muy largas. Si las desplegaba, podía dejarse caer como con un paracaídas o *planear en distancias cortas*, de forma similar a como lo hacen hoy las libélulas.

23

Placodus y Nothosaurus
Los reptiles marinos

En el Triásico hubo reptiles marinos que se adentraban en el mar para cazar. El Nothosaurus, que apareció más tardíamente dentro de este grupo, había evolucionado hacia un cuerpo más grande, de varios metros de longitud.

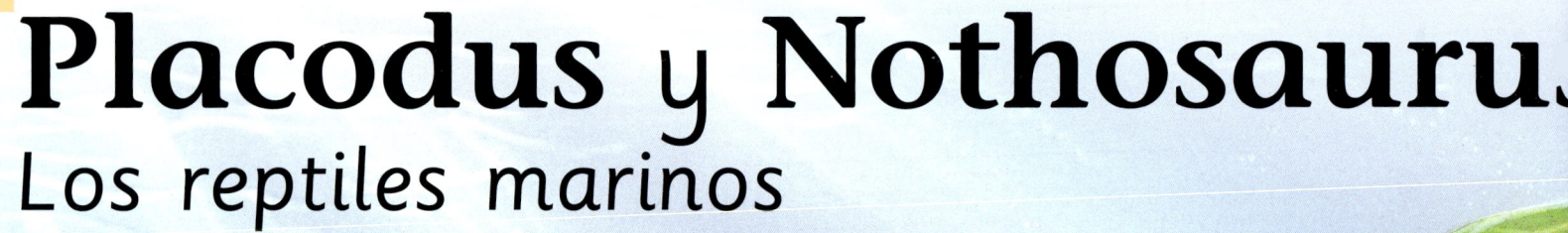

Nothosaurus Es posible que tuviese una vida parecida a la de las focas, *cazando en el mar* y viviendo en tierra. Sus potentes *patas palmeadas* y su *larga cola* le servían para *nadar*. Con sus *dientes largos y afilados* atrapaba los peces más escurridizos.

Las tortugas más antiguas datan de comienzos del Triásico y han cambiado poco desde entonces.

Placodus y Nothosaurus — TRIÁSICO

«Falso reptil»
NOTHOSAURUS significa «falso reptil». ● **Descubrimiento:** fue encontrado en Europa, norte de África y Asia. ● **Dimensiones:** medía unos 3 m. ● **Época:** mediados del Triásico.

Placodus Su tronco estaba recubierto de una *cresta*. Además de nadar, con sus patas cortas y robustas andaba por el fondo marino, *apresando con sus garras* los moluscos pegados a las rocas. Su dentadura era de dos tipos: unos *dientes más salientes* e inclinados hacia delante para coger el alimento (almejas, mejillones y otros moluscos) y otros *dientes planos*, los interiores, para triturar.

«Dientes planos»
PLACODUS pertenece al grupo de los placodontos («dientes planos»). ● **Dimensiones:** medía 2 m. ● **Época:** primera mitad del Triásico.

Cuello de jirafa

TANYSTROPHEUS era un reptil con cuello de jirafa. ● **Descubrimiento:** se encontró en Asia y Europa. ● **Dimensiones:** medía 6 m de largo. ● **Época:** mediados del Triásico.

Tanystropheus
Como una caña de pescar

El Tanystropheus era un reptil con un cuello extraordinariamente largo. Lo utilizaba para atrapar peces desde fuera del agua, pues vivía en zonas de lagos y pantanos.

Tanystropheus
Medía 6 m de largo, de los cuales **3 m correspondían al cuello**, más largo que su cuerpo y cola juntos. Pero este cuello sólo tenía 10 vértebras, lo que hace pensar que era bastante tieso y sólo *lo utilizaba para pescar* sin necesidad de entrar en el agua. Pudo vivir en *manadas* en amplias zonas de *pantanos*, donde se reproducía y se alimentaba.

El cuello de las crías no era tan largo, pero al hacerse adultos les iba creciendo hasta doblar la longitud del cuerpo.

Postosuchus y Placerias
Ni cocodrilos ni dinosaurios

El Postosuchus tenía el cuerpo parecido al de un cocodrilo, las patas típicas de los dinosaurios y la cabeza de un lagarto. ¡Y era enorme... y carnívoro! Todo un peligro para el Placerias, que era un reptil herbívoro de tipo mamiferoide.

Coelophysis Es uno de los **dinosaurios más tempranos**, muy delgado y **veloz corredor sobre dos patas**. Es probable que usara sus manos, provistas de **tres garras**, para atacar a sus presas, pues era **carnívoro**. Tenía muy largos el cuello, la cola y las patas.

El Coelophysis sí que era un auténtico dinosaurio. Y muy veloz, pues era delgado y corría sobre dos patas.

«Forma hueca»
COELOPHYSIS significa «forma hueca».
- **Descubrimiento:** se halló al suroeste de Estados Unidos. • **Dimensiones:** media de 2,5 a 3 m de largo y 1 m de alto.
- **Época:** finales del Triásico.

Postosuchus Era un *reptil carnívoro* con un hocico similar al del cocodrilo, lleno de *largos dientes afilados*. En su espalda tenía filas de espinas y placas que usaba como escudo. Se podía *levantar a dos patas* para abalanzarse sobre su enemigo. Era un *cazador mortal* y como pesaba mucho, prefería *atrapar presas lentas* como el Placerias en vez de rápidas como el Coelophysis.

«Lagarto de Post»

POSTOSUCHUS significa «lagarto de Post», porque se descubrió en Post Quarry, en Texas. ● **Dimensiones:** medía 6 m de largo y 2 m de alto. ● **Época:** finales del Triásico.

Placerias De *aspecto fornido* y similar a un hipopótamo, tenía *dos enormes colmillos* para arrancar las raíces bajo tierra y *un pico* para escarbar las plantas. Se alimentaba de musgo, helechos, raíces y tubérculos. Podía llegar a *pesar una tonelada*.

«Perro de dos dientes»

PLACERIAS pertenece al grupo de los dicynodon o «perro de dos dientes». ● **Descubrimiento:** se hallaron muchos en Arizona. ● **Dimensiones:** medía 3,5 m. ● **Época:** finales del Triásico.

TRIÁSICO — Postosuchus y Placerias

Ichtyosaurus
Como un delfín

Estaba tan bien adaptado a la vida acuática que era muy buen nadador y sus crías nacían ya vivas dentro del agua, como las ballenas o los delfines.

Ichtyosaurus Nadaba *impulsándose con la cola*, como los tiburones o atunes actuales. Con las aletas llevaba la dirección y utilizaba la *aleta dorsal* para mantener el equilibrio. Respiraba con *pulmones* asomándose fuera del agua. Por su forma era muy similar al veloz delfín. Tenía unos *grandes ojos* y *largas mandíbulas* con dientes afilados, pues comía peces, marisco, moluscos, animales parecidos a los calamares...

El Ichtyosaurus debía de tener buena vista, a juzgar por el gran tamaño de sus ojos.

JURÁSICO

Ichtyosaurus

Elasmosaurus y Mosasaurus
Otros reptiles marinos posteriores

El Elasmosaurus es el reptil marino más largo que se conoce. Sólo el cuello medía más de la mitad de su longitud total. El Mosasaurus era de mandíbula potente y los más grandes medían el triple que una morsa macho.

«Reptil plancha»
ELASMOSAURUS significa «reptil plancha». ● Dimensiones: medía 14 m de largo, y sólo su cuello eran 8 m. ● Época: finales del Cretácico.

Las tortugas marinas datan de finales del Cretácico. Vivían en el mar y salían a la playa para desovar.

«Reptil del Mosa»

MOSASAURUS significa «reptil del Mosa», por el río que los holandeses llaman Maas, y es que fue descubierto en Maastricht. ● **Dimensiones:** medía entre 3,5 y 9 m. ● **Época:** finales del Cretácico.

Mosasaurus Tenía unas *cien vértebras*, cuatro veces más que las personas. Ello le permitía *desplazarse en el agua como una anguila*. Sus mandíbulas eran especiales, pues podía abrir mucho la boca para *tragar presas de gran tamaño*. Los dientes curvados hacia atrás le permitían partir al animal.

Elasmosaurus Este reptil marino de *cabeza pequeña* y fuertes mandíbulas con afilados dientes *se alimentaba de peces* y otros animales marinos. Para atraparlos usaba su *larguísimo cuello* haciendo un *movimiento rápido* que lanzaba su cabeza contra la presa.

CRETÁCICO

Elasmosaurus y Mosasaurus

Deinosuchus
Un verdadero cocodrilo gigante

Fue el cocodrilo más grande de todos los tiempos: alcanzaba de 12 a 15 m de longitud. Era contemporáneo de los dinosaurios y seguramente se alimentaba de algunos de ellos.

«Cocodrilo terrible»

DEINOSUCHUS significa «cocodrilo terrible». ● **Descubrimiento:** fue hallado en Texas y Montana. ● **Dimensiones:** medía de 12 a 15 m de largo. ● **Época:** finales del Cretácico.

Este Deinosuchus es capaz de atacar y devorar a un dinosaurio como el Triceratops.

Deinosuchus Es el cocodrilo *más gigantesco* descubierto hasta la fecha. Tenía las patas más largas que el cocodrilo actual. Su enorme tamaño y su *fuerte mandíbula* le permitían atacar a algunos dinosaurios mientras chapoteaban en el agua.

Deinosuchus

CRETÁCICO

PTEROSAURIOS

Estos «reptiles alados» fueron los primeros vertebrados especializados en volar: eran reptiles voladores. Convivieron con los dinosaurios desde el Triásico hasta el Cretácico y desaparecieron igual que ellos. Tenían formas y tamaños muy variados.

El Quetzalcoatlus tenía unas alas estrechas pero sumamente largas.

Quetzalcoatlus Fue uno de los *últimos pterosaurios* y vivió en el norte de México y sur de Texas. En aquella época esta zona era similar a los actuales humedales y lagos de las costas tropicales. Tenía *un cuello y un pico muy largos* y grandes mandíbulas *sin dientes*, por lo que podría haberse alimentado de pescado o quizá de carroña.

Quetzalcoatlus
Más grande que una avioneta

El Quetzalcoatlus es el animal volador más grande que jamás ha existido: con las alas desplegadas medía hasta 15 m de envergadura.

«Serpiente emplumada»

QUETZALCOATLUS fue llamado así por el dios azteca Quetzalcoatl, que significa «serpiente emplumada». ● **Dimensiones:** medía de 12 a 15 m de envergadura. ● **Época:** finales del Cretácico.

Pteranodon
Un reptil volador con cresta

El Pteranodon se distinguía por su largo pico con bolsa y su gran cresta, que le servía para equilibrar el peso.

«Alado sin dientes»

PTERANODON significa «alado sin dientes». ● **Descubrimiento:** fue hallado en Kansas (Estados Unidos) y en Inglaterra. ● **Dimensiones:** medía unos 9 m de envergadura. ● **Época:** finales del Cretácico.

CRETÁCICO

Pteranodon

Pteranodon Se alimentaba de peces, como las aves marinas. Su *largo pico* tenía una *bolsa* debajo donde guardaba el *pescado que capturaba* mientras volaba cerca de la superficie del mar. Su *gran cresta* en la parte posterior de la cabeza le servía de *contrapeso* para equilibrar el peso del pico y de la pesca.

El Pteranodon guardaba la pesca en la bolsa del pico, como hacen hoy los pelícanos.

DINOSAURIOS

Eran reptiles terrestres y vivieron durante los periodos Triásico, Jurásico y Cretácico. Se diferencian de los reptiles primitivos en su capacidad de andar y correr por tener las patas erguidas debajo del cuerpo, en vez de a los lados. Desaparecieron misteriosamente al final del Cretácico hace 64 millones de años.

Los dinosaurios más pequeños

No todos los dinosaurios eran seres enormes y de un peso descomunal. También existieron especies como el Compsognathus, que siendo adulto no medía más de 60 cm de largo y podía pesar unos 2,5 kg.

Se han encontrado esqueletos de dinosaurio aún más pequeños, pero todos son de crías. Se sabe porque su cabeza y sus patas son muy grandes en proporción al cuerpo.

Oviraptor 2,3 m

Stegoceras 2 m

Psittacosaurus 1,5 m

Protoceratops 1,8 m

Los dinosaurios más grandes

Las especies de mayor tamaño podían llegar a medir de 20 a 35 m en total, dada la longitud del cuello y la cola. Hoy día sólo un animal se asemeja en proporciones: la ballena azul, que mide casi 30 m de largo y puede pesar unas 150 toneladas.

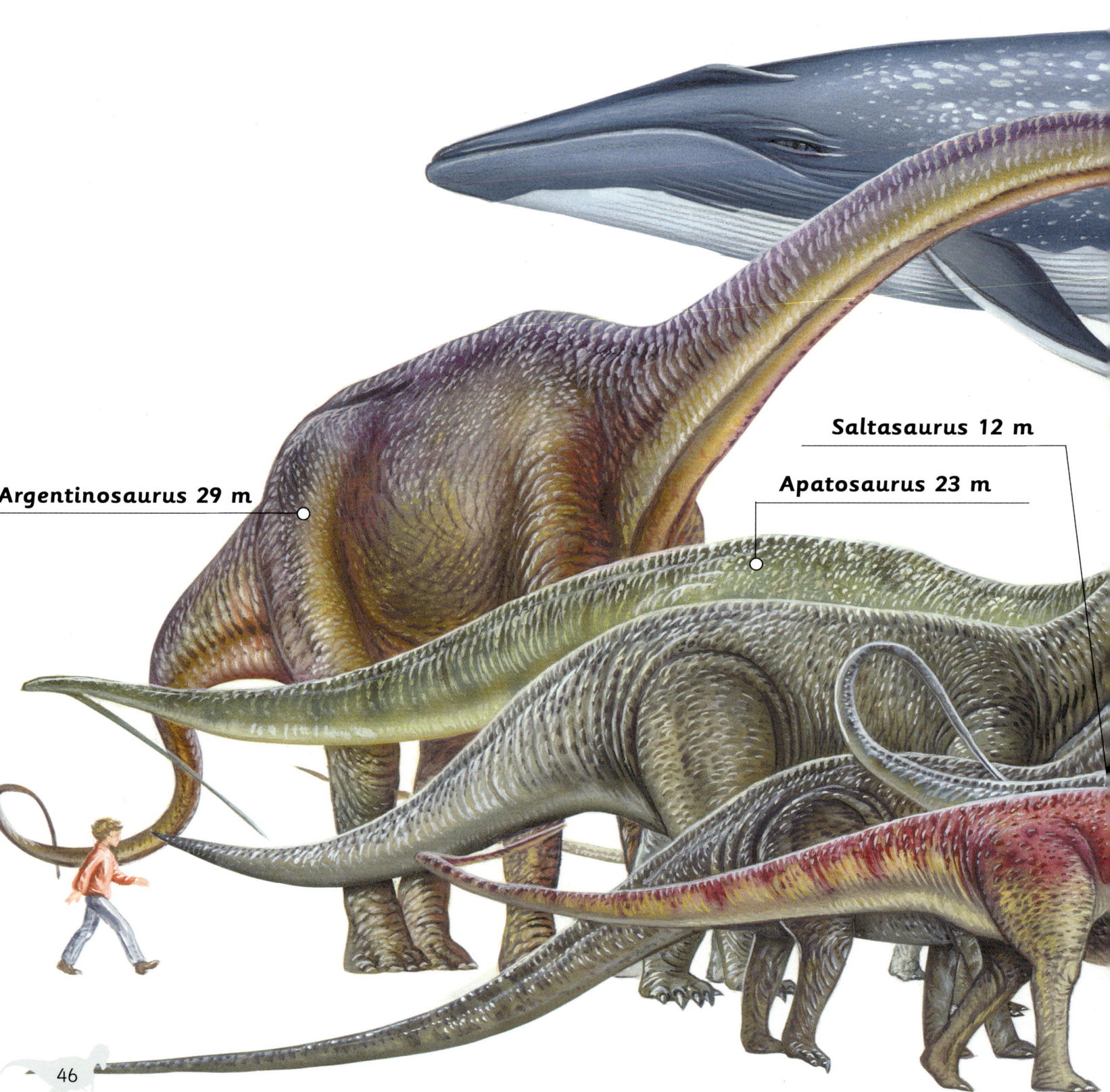

Argentinosaurus 29 m

Saltasaurus 12 m

Apatosaurus 23 m

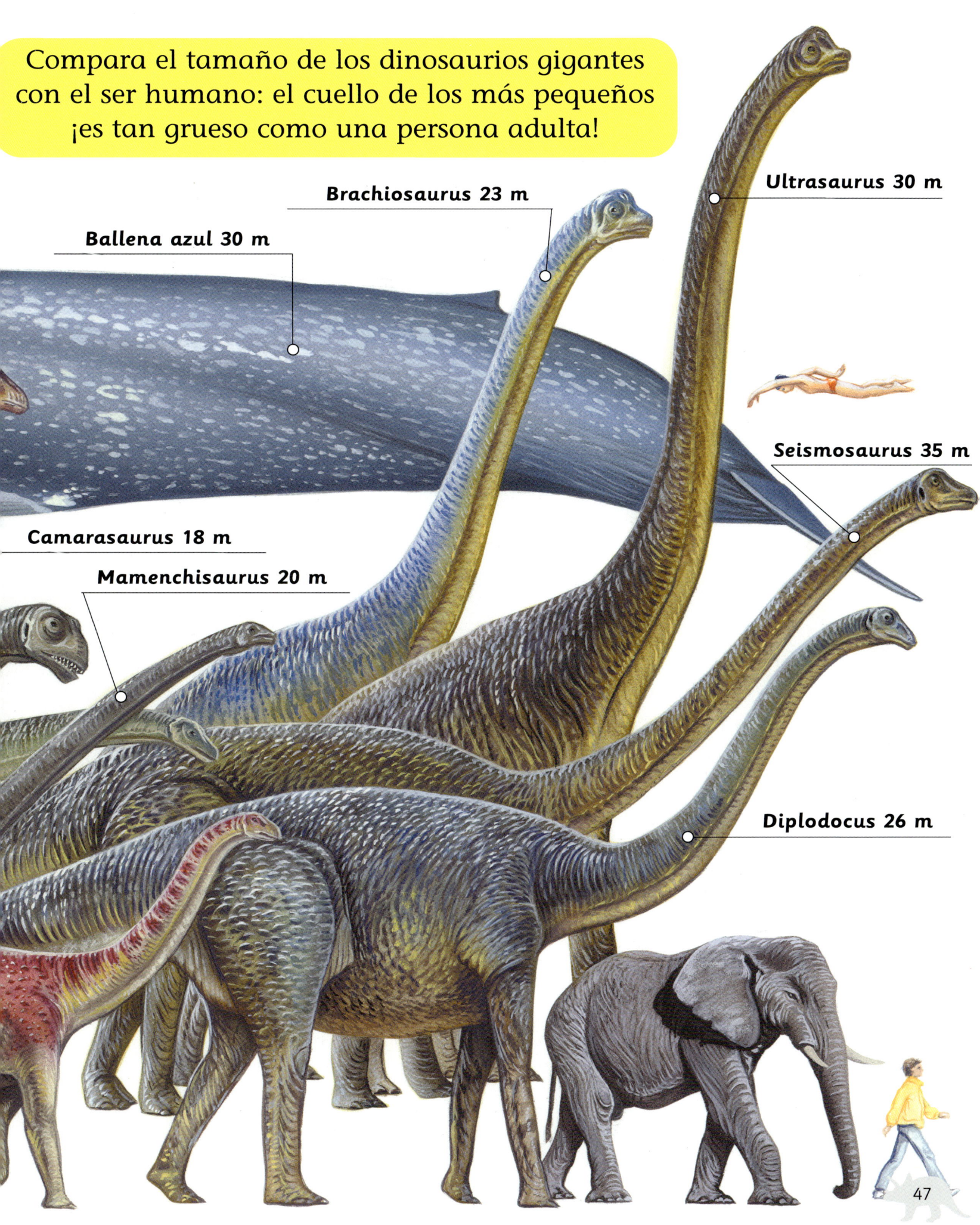

Dos tipos de dinosaurios

Los dinosaurios se dividen en dos grupos: los saurisquios y los ornitisquios. En los saurisquios, los huesos de la cadera están separados, mientras que en los ornitisquios están unidos hacia atrás. Eso determina distintas formas de andar.

Los saurisquios carnívoros andaban sobre dos patas y los herbívoros, al ser enormes y con patas como columnas, andaban sobre cuatro. Todos los ornitisquios andaban sobre cuatro patas y eran herbívoros.

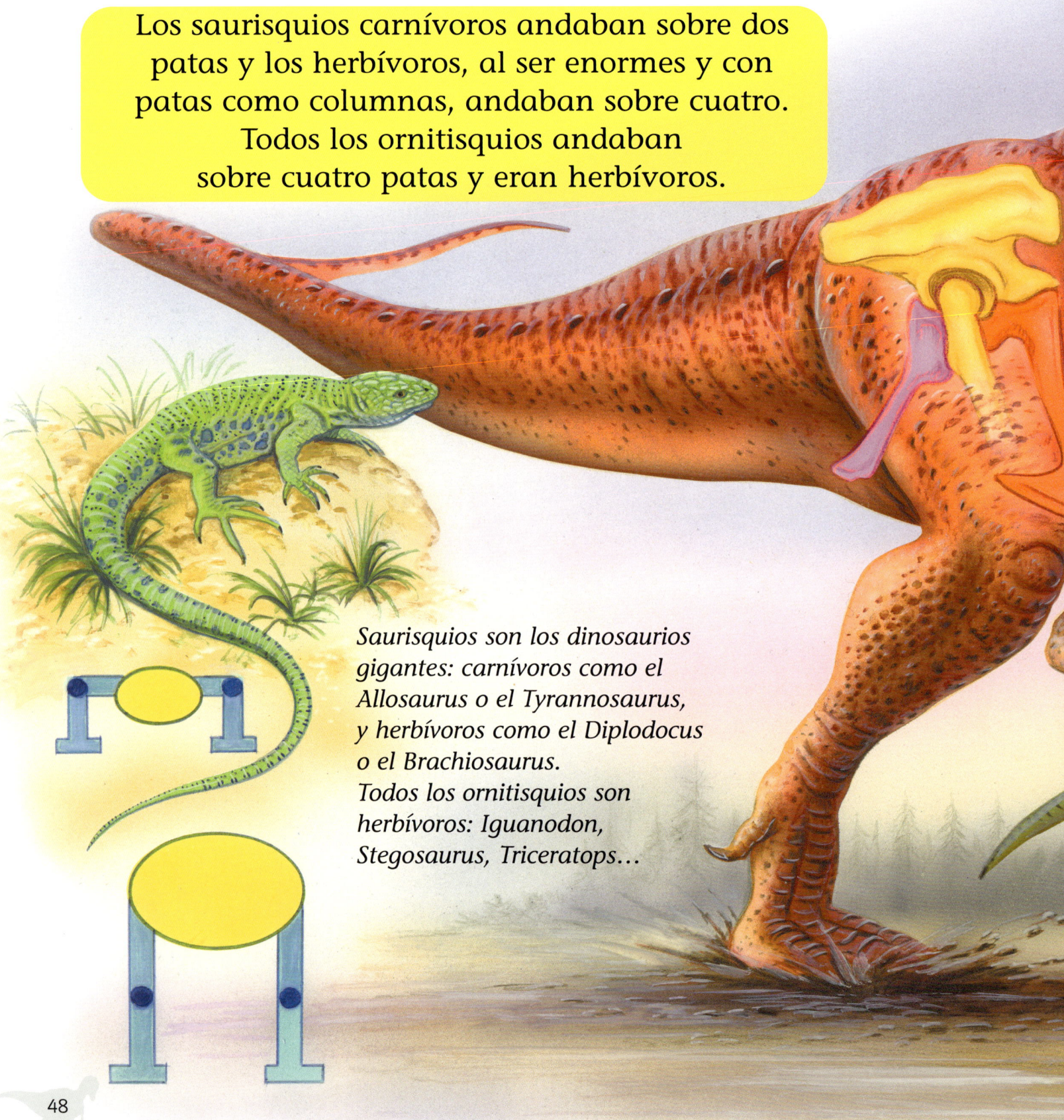

Saurisquios son los dinosaurios gigantes: carnívoros como el Allosaurus o el Tyrannosaurus, y herbívoros como el Diplodocus o el Brachiosaurus.
Todos los ornitisquios son herbívoros: Iguanodon, Stegosaurus, Triceratops…

Un saurisquio carnívoro: el Allosaurus

Un ornitisquio (todos herbívoros): el Iguanodon

Herrerasaurus Llegaba a medir 4 m de largo y *2 m de alto*. Podía pesar 300 kg. Tenía una *mandíbula fuerte* con pequeños dientes en fila para devorar a sus presas. Las atrapaba con las *garras* de sus cortas y fuertes patas delanteras.

«Reptil de Herrera»

HERRERASAURUS significa «reptil de Herrera», por la ciudad argentina donde se descubrió, Herrera. ●
Época: fue un dinosaurio carnívoro del periodo Triásico.

Este Herrerasaurus de 3 m de largo es tres veces más grande que los Eoraptores.

Eoraptor y Herrerasaurus
Dos veloces corredores

Fueron de los primeros dinosaurios que poblaron la Tierra. Caminaban sobre las dos patas traseras, con la cola levantada al correr para así equilibrar la parte delantera del cuerpo. De esta forma alcanzaban gran velocidad.

TRIÁSICO

Eoraptor y Herrerasaurus

«Ladrón del amanecer»
EORAPTOR significa «ladrón del amanecer». ● **Descubrimiento**: fue descubierto en el valle de la Luna, un desierto argentino. ● **Época**: finales del Triásico.

Eoraptor Se considera el dinosaurio *más primitivo* jamás hallado. Medía sólo 1 m de largo, pero era un *diestro cazador* que se alimentaba de mamíferos pequeños, lagartijas, insectos, etc. Perseguía a sus presas sobre sus dos *veloces patas traseras*.

51

Plateosaurus
El primer gran dinosaurio herbívoro

Fue el primer animal terrestre con la habilidad de alimentarse de la vegetación relativamente alta. Existió a finales del Triásico y comienzos del Jurásico y se han hallado restos de él en Europa occidental.

Estos lagartos voladores parecen asustarse del tamaño del Plateosaurus.

Plateosaurus Podía mantenerse sobre cuatro patas o sobre dos. Gracias a esta doble posibilidad, se alimentaba de plantas bajas y del follaje de árboles altos. Sus manos tenían **dedos robustos**, especialmente el pulgar, dotado de una **gruesa garra** que utilizaría para arrancar las hojas de los árboles o para defenderse.

«Reptil aplanado»

PLATEOSAURUS significa «reptil aplanado». ● **Dimensiones:** fue el primer gran dinosaurio herbívoro, de 6 a 8 m de largo. ● **Época:** finales del Triásico y comienzos del Jurásico.

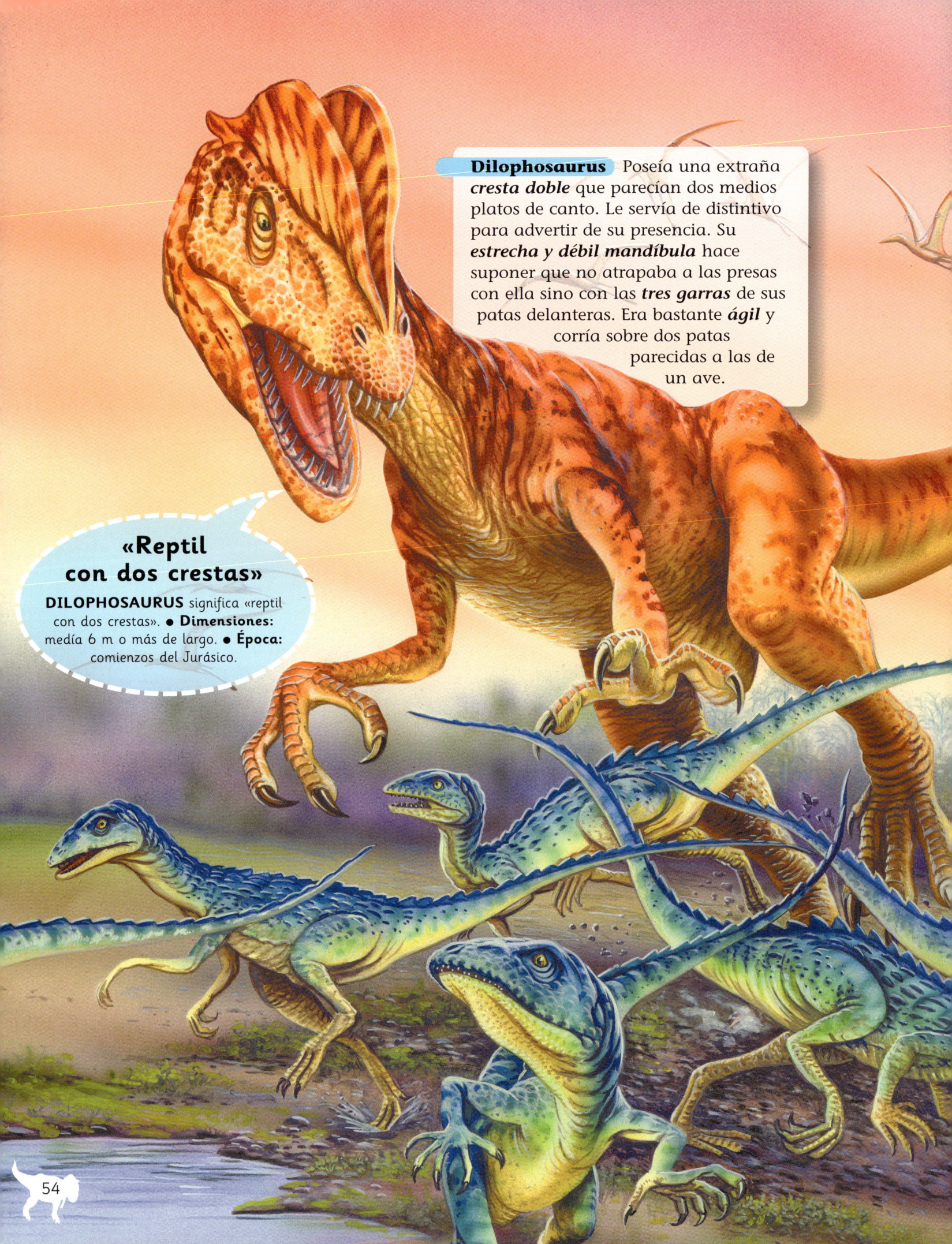

Dilophosaurus Poseía una extraña *cresta doble* que parecían dos medios platos de canto. Le servía de distintivo para advertir de su presencia. Su *estrecha y débil mandíbula* hace suponer que no atrapaba a las presas con ella sino con las *tres garras* de sus patas delanteras. Era bastante *ágil* y corría sobre dos patas parecidas a las de un ave.

«Reptil con dos crestas»

DILOPHOSAURUS significa «reptil con dos crestas». ● **Dimensiones:** medía 6 m o más de largo. ● **Época:** comienzos del Jurásico.

Dilophosaurus
El primer gran dinosaurio carnívoro

Fue el dinosaurio carnívoro de gran tamaño más antiguo. Tenía la longitud de un elefante: unos 6 m de largo. Se distinguía fácilmente por su doble cresta.

JURÁSICO

Dilophosaurus

El Dilophosaurus cazaba pequeños dinosaurios herbívoros.

Stegosaurus
El dinosaurio con placas en el lomo

Sus dos filas de placas le regulaban la temperatura. Vagaba por las llanuras comiendo la vegetación baja y era tan pesado como un rinoceronte grande y tan largo como un autobús.

La cola del Stegosaurus terminaba con cuatro púas para defenderse de los enemigos.

«Reptil techado»

STEGOSAURUS significa «reptil techado». ● **Dimensiones:** medía hasta 9 m y pesaba 2 toneladas. ● **Época:** finales del Jurásico.

Stegosaurus Era *herbívoro* y habitó en América del Norte y Europa, según los últimos restos hallados en Portugal. Su cerebro era como una nuez y la *pequeña cabeza* terminaba en un pico. Sobre el dorso tenía *dos filas de placas* regadas con sangre que le servían *para enfriar su cuerpo* durante la digestión de la enorme cantidad de plantas que tragaba.

Allosaurus
El animal carnívoro más temible

Se alimentaba de dinosaurios herbívoros de distintos tamaños. Si estos eran grandes, como el Stegosaurus, un Allosaurus solo se encontraba en desventaja, por lo que es probable que atacara a los individuos más débiles: crías, animales viejos o enfermos.

Estas dos crías de Stegosaurus ya saben sacudir la cola para defenderse del Allosaurus.

Allosaurus Fue uno de los dinosaurios *más feroces* de América del Norte, África, Australia y China, y el *carnívoro* de gran tamaño *más abundante*. Andaba *sobre dos patas* y atrapaba a su presa con sus *tres garras* mientras la asfixiaba con *las mandíbulas*. Su cabeza tenía pequeñas crestas.

JURÁSICO

Allosaurus

«Reptil extraño»

ALLOSAURUS significa «reptil extraño». • **Dimensiones:** medía unos 9 m de largo y 3 m de alto. • **Época:** finales del Jurásico.

Ceratosaurus Era un *gran cazador*, pues poseía enormes mandíbulas con *dientes curvos y afilados*. Las patas delanteras eran cortas y con *cuatro dedos*. Se distinguía por tener un *cuerno en el hocico*. Los machos quizá lo usaran como arma cuando peleaban entre sí por las hembras.

«Reptil cornudo»

CERATOSAURUS significa «reptil cornudo». ● **Descubrimiento:** fue hallado en la formación de Morrison, en Norteamérica. ● **Dimensiones:** medía hasta 6 m de largo y 2 m de alto. ● **Época:** finales del Jurásico.

Ceratosaurus
Otro carnívoro con fuertes mandíbulas

El Ceratosaurus vivió junto al Allosaurus, al Apatosaurus, al Diplodocus y al Stegosaurus en América del Norte. Pudo haber competido con el Allosaurus por cazar las mismas presas, pero era más pequeño, ágil y ligero que aquél.

Estos Ceratosaurus quizá estén enfrentándose por una hembra.

Diplodocus
Un potente látigo en la cola

El Diplodocus es uno de los dinosaurios mejor conocidos. Fue un animal cuadrúpedo muy grande, de cuello y cola largos. El extremo de su cola era muy delgado, lo que le permitía usarla como un látigo para defenderse.

Esta hembra de Diplodocus protege a su cría dando latigazos con la cola al Allosaurus para asustarlo.

JURÁSICO

Diplodocus

Diplodocus Tenía *la cola y el cuello muy largos* y cuatro *patas robustas*. Su *cabeza* era *diminuta*, comparada con el tamaño del animal, que *medía más de 20 m* de largo, de los cuales 10 m eran del cuello. *Se alimentaba de hojas y frutos* de árboles altos y arbustos, así como de helechos y vegetación del suelo.

«Doble viga»

DIPLODOCUS significa «doble viga», por la forma de los huesos de la cola.
- **Descubrimiento:** fue hallado en la formación de Morrison, al oeste de EEUU.
- **Dimensiones:** medía hasta 27 m y pesaba más de 10 toneladas.
- **Época:** finales del Jurásico.

Apatosaurus Era muy *parecido al Diplodocus* y convivió con él en América del Norte. Su *cuello era más grueso*, las patas macizas eran más grandes y la *larguísima cola* tenía más vértebras, por lo que el Apatosaurus *pesaba tres veces más*. Las patas terminaban en unos dedos cortos, como las del elefante. También *herbívoro*, se desplazaba lentamente debido a su peso y *vivía en manadas* para protegerse.

«Reptil engañoso»

APATOSAURUS significa «reptil engañoso». ● **Descubrimiento:** se ha en la formación de Morrison, al oeste EEUU. ● **Dimensiones:** medía unos 25 m de largo. ● **Época:** finales del Jurásico.

Apatosaurus
Con patas de elefante y larga cola

Era un animal de pastos que vivía en manadas. Al igual que el Diplodocus, poseía un extenso cuello y una cola larguísima que le servía de contrapeso y acababa en látigo. Sus robustas patas recuerdan a las del elefante.

JURÁSICO

Apatosaurus

Gracias a unos poderosos músculos el Apatosaurus **podía mover el cuello y la cola.**

Camarasaurus
Otro herbívoro gigante

El Camarasaurus vivía junto con el Diplodocus y el Apatosaurus en bosques abiertos donde abundaba la vegetación, y es que comía alrededor de media tonelada de plantas al día.
El clima y la escasez de alimentos le obligaban a desplazarse en busca de comida.

Al arrastrar la pesada cola por la tierra, el *Camarasaurus* dejaba surcos tras de sí.

Camarasaurus Fue un *herbívoro* gigante que vivía en las frondosas llanuras de Norteamérica. Su cabeza tenía un *hocico corto* y con *dientes fuertes* que podían cortar ramas gruesas y plantas duras. La *cola* era bastante *más corta* que la del Diplodocus y el Apatosaurus, pues no terminaba en látigo. Y sus cuatro *patas medían casi igual*, de modo que el cuerpo mantenía una postura horizontal.

JURÁSICO

Camarasaurus

«Reptil con cámaras»

CAMARASAURUS significa «reptil con cámaras», porque cada vértebra tenía varios hoyos. • **Descubrimiento:** se halló en la formación de Morrison, al oeste de EEUU. • **Dimensiones:** medía hasta 20 m de largo. • **Época:** finales del Jurásico.

Brachiosaurus Vivía en manadas en América del Norte, Europa, Asia y África, y **pesaba más de 70 toneladas**. Se parecía a una jirafa por sus **patas delanteras más largas** que las traseras y por su **largo cuello**; esto fue una adaptación para poder alimentarse de las copas de los árboles. Su cola era más corta.

«Reptil con brazos»

BRACHIOSAURUS significa «reptil con brazos». ● **Descubrimiento:** se halló en la formación de Morrison, al oeste de EEUU. ● **Dimensiones:** medía hasta 13 m de alto y 25 m de largo. ● **Época:** finales del Jurásico y principios del Cretácico.

Brachiosaurus
Una jirafa gigante

Este gigantesco herbívoro es el dinosaurio más pesado y alto que ha vivido en tierra firme. Igual que a las jirafas, su largo cuello y sus largas patas delanteras le permitían llegar hasta la copa de los árboles.

JURÁSICO

Brachiosaurus

El corazón del Brachiosaurus debía de ser bastante grande y potente para bombear la sangre hasta la cabeza.

Archaeopteryx y Ornitholestes

El ave más antigua y el ladrón de aves

Archaeopteryx existió hace 150 millones de años y es el ave más antigua que se conoce. Aún se discute si era ave o dinosaurio, pues poseía características de ambos. Ornitholestes era un veloz dinosaurio carnívoro que posiblemente se alimentaba de aves.

Ornitholestes Era un *veloz corredor*, ligero y pequeño. Tenía *mandíbulas fuertes* con dientes grandes y *manos prensiles* para sujetar a las presas. Se alimentaba de lagartos, ranas, pequeños mamíferos y aves primitivas.

«Ladrón de aves»
ORNITHOLESTES significa «ladrón de aves». • **Dimensiones:** medía unos 2 m de largo. • **Época:** finales del Jurásico.

El Archaeopteryx utilizaba sus dientes puntiagudos para comer insectos y pequeños vertebrados.

JURÁSICO

Archaeopteryx y Ornitholestes

Archaeopteryx Fue un animal de transición *entre los reptiles y las aves*. Como los dinosaurios, poseía *dientes, garras* en las manos y una larga *cola huesuda*; pero al igual que las aves tenía *plumas y alas*, que le servían para *planear* de un árbol a otro.

«Ala antigua»

ARCHAEOPTERYX significa «ala antigua». ● **Descubrimiento:** fue hallado en Solnhofen, al sur de Alemania. ● **Dimensiones:** media entre 35 y 60 cm. ● **Época:** finales del Jurásico.

Baryonyx Su *mandíbula* parecida a la de un cocodrilo y el *gran número de dientes* indican que se alimentaba de peces. Tenía unas *afiladísimas garras* en los tres dedos de sus patas delanteras. Quizá acechaba en las orillas de los ríos y las utilizaba para *atrapar los peces*.

Baryonyx
El pescador del Cretácico

Sus mandíbulas de cocodrilo y el gran número de dientes aserrados indican que Baryonyx fue un animal que se alimentaba básicamente de peces.

El Baryonyx vivía en tierras cálidas y húmedas, donde abundaban los ríos y lagos.

«Garra pesada»

BARYONYX significa «garra pesada». ● **Descubrimiento:** se halló en el sur de Inglaterra y el norte de España (Burgos y La Rioja). ● **Dimensiones:** medía 9 m de largo y unos 5 m de alto. ● **Época:** comienzos del Cretácico.

Los dinosaurios herbívoros

La mayoría de los dinosaurios eran herbívoros. En aquella época había mucha vegetación, así que había comida para todos. Las crías mordisqueaban las plantas del suelo y brotes tiernos. Los dientes y picos de cada dinosaurio estaban adaptados para cortar, arrancar y masticar sus plantas favoritas.

Hypsilophodon
Con su pequeño tamaño, se habría alimentado de la vegetación baja, usando su pico para mordisquear los brotes, y los cortos dientes laterales, para masticarlos.

Iguanodon
Con el pico mordía las hojas, y las trituraba con los dientes posteriores, que eran como los de una iguana, aunque mayores.

Alamosaurus

Se apoyaba en la cola cuando se levantaba sobre las patas traseras para llegar a las hojas altas. No podía masticar con sus débiles dientes, así que tragaba piedras para moler las hojas en el estómago.

Algunos dientes estaban preparados para deshojar las ramas, pero no para masticarlas. La forma de digerir la comida era tragar pequeñas piedras para ayudar a moler las hojas en el estómago.

Diente de Diplodocus

Diente de Plateosaurus

Diente de Apatosaurus

Stegoceras

De cabeza gruesa, arrancaba hojas de los arbustos con el pico y las trituraba con sus dientes aserrados.

Iguanodon

El herbívoro más abundante del Cretácico

Se han encontrado muchos fósiles de este dinosaurio en yacimientos europeos. Su poderosa mandíbula acabada en pico y con numerosas muelas le servía para devorar plantas.

Este Iguanodon se defiende de un dinosaurio carnívoro enseñándole el espolón de su dedo pulgar.

CRETÁCICO

Iguanodon

«Diente de iguana»

IGUANODON significa «diente de iguana». ● **Descubrimiento:** se han hallado fósiles en Inglaterra, Bélgica y Alemania. ● **Dimensiones:** media 10 m de largo. ● **Época:** comienzos del Cretácico.

Iguanodon Se conservan muchos fósiles de él y en un mismo lugar, por lo que se cree que *vivía en manadas*, en llanuras fértiles donde *comía hojas de árboles y helechos*. Podía andar sobre dos y cuatro patas, pues tenía pezuñas. El dedo pulgar de las manos era un *espolón afilado* que usaba para defenderse.

Polacanthus y Carcharodontosaurus

Muchas púas y dientes de tiburón

El Polacanthus fue un dinosaurio herbívoro cubierto de una coraza y de púas, para defenderse de animales carnívoros como el Carcharodontosaurus, que era un enorme dinosaurio con poderosa mandíbula y dientes de tiburón.

«Muchas púas»
POLACANTHUS significa «muchas púas». ● **Descubrimiento:** se halló en la isla de Wight, en Inglaterra. ● **Dimensiones:** medía 4 m de largo y 1 m de alto. ● **Época:** 1.ª mitad del Cretácico.

Polacanthus Parte de sus fósiles se hallaron en unos acantilados, el resto lo había arrastrado el mar. *Comía plantas y helechos* que cogía con el pico. Aunque no era ágil para escapar, la *coraza* que cubría su lomo y las *púas* que tenía en los costados y en la cola desanimaban a muchos atacantes.

En caso de peligro, el Polacanthus se pegaba al suelo para protegerse el vientre.

Carcharodontosaurus Fue un *gigantesco* dinosaurio: aunque medía casi igual que Tyrannosaurus, era bastante más robusto. Tenía una *enorme cabeza de 1,5 m*, diseñada para arrancar y desgarrar la carne. Vivía en el norte de África, donde había entonces mucha vegetación y podía *cazar* a los pacíficos herbívoros. Poseía *dientes afilados* similares a los del tiburón.

CRETÁCICO

Polacanthus y Carcharodontosaurus

«Reptil con dientes de tiburón»

CARCHARODONTOSAURUS significa «reptil con dientes de tiburón». ● **Descubrimiento:** se halló en el norte de África. ● **Dimensiones:** medía hasta 14 m de largo y pesaba unas 8 toneladas. ● **Época:** comienzos del Cretácico.

Si el enemigo era muy grande, como este Carcharodontosaurus, no le quedaba más remedio que salir corriendo.

Ouranosaurus
Como Iguanodon pero con cresta

Era pariente del Iguanodon y, como él, herbívoro. Le distinguía la cresta de su espalda, que tenía una función termorreguladora. Podía andar sobre dos o cuatro patas, pues también poseía pezuñas.

CRETÁCICO

Ouranosaurus Al igual que Iguanodon, tenía una *púa en el dedo pulgar* para defenderse, pero era más pequeña. Se diferenciaba por la *cresta* que cubría su espalda y parte de la cola. Le servía para *controlar la temperatura* del cuerpo, y quizá también para identificarse y atraer parejas, pues vivía en *manadas*. Cogía las plantas con el *pico*.

«Reptil valiente»

OURANOSAURUS significa «reptil valiente». ● **Descubrimiento:** fue hallado en Níger, en el norte de África. ● **Dimensiones:** medía unos 7 m de largo y pesaba unas 4 toneladas. ● **Época:** mediados del Cretácico.

Amargasaurus
Un dinosaurio con cresta y espinas

La doble hilera de espinas que cubría su cuello debió de ser una buena defensa contra el ataque de los carnívoros. Y la membrana de piel que se extendía entre las espinas llegaba hasta la cola a modo de cresta.

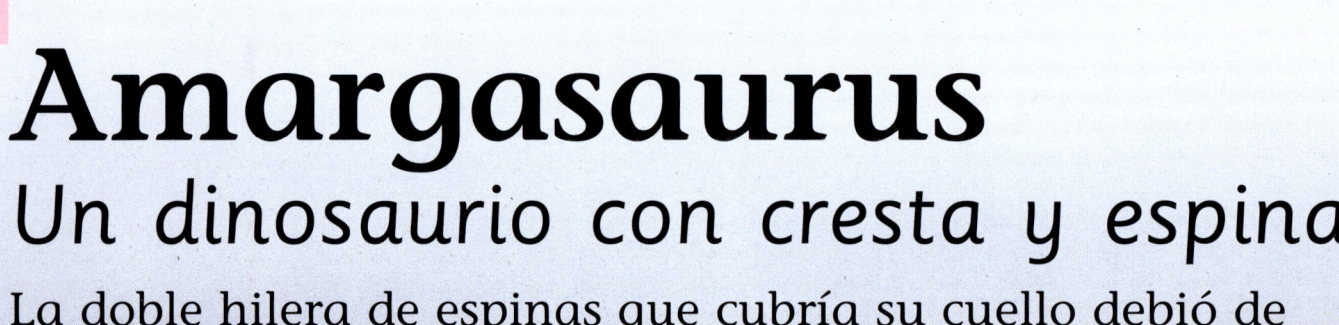

Enseñando las espinas, este Amargasaurus defiende a sus crías del ataque de un carnosaurio.

Amargasaurus Este dinosaurio herbívoro se caracterizaba por las **dos filas de largas espinas** que le recorrían el cuello y el lomo, y que usaba **para defenderse** de animales depredadores. La **cresta** formada por la membrana de piel le servía para regular el calor corporal, para identificarse y para atraer a las hembras.

CRETÁCICO

Amargasaurus

«Reptil de Amarga»

AMARGASAURUS significa «reptil de Amarga», porque se encontró en la formación argentina de La Amarga. ● **Dimensiones:** medía unos 10 m de largo. ● **Época:** comienzos del Cretácico.

Acrocanthosaurus Era un *gigantesco* dinosaurio **carnívoro** que habitaba en Norteamérica. Tenía una **enorme cabeza de 1,5 m** y unos dientes en forma de sierra que le eran muy útiles para cortar la carne. Poseía unas **largas espinas de 30 cm** en su columna vertebral que formaban una *cresta* a lo largo del lomo.

«Reptil con espinas dorsales»

ACROCANTHOSAURUS significa «reptil con espinas dorsales». ● **Dimensiones:** medía hasta 13 m de largo y 5 m de alto. ● **Época:** mediados del Cretácico.

Acrocanthosaurus
Un carnívoro feroz

Por su gran tamaño y enorme cabeza, debió de ser un carnívoro muy feroz. Tenía una cresta dorsal de unos 30 cm de alto que iba desde la cabeza a la cola.

CRETÁCICO

Acrocanthosaurus

Estos Acrocanthosaurus necesitan atrapar presas grandes para saciar su apetito.

Spinosaurus
Un dinosaurio con vela

Su altísima cresta podía llegar a medir 2 m de alto; le servía de panel solar para calentarse y de «vela» para refrescarse con el viento. Con sus 17 m de longitud es el carnívoro más largo que se conoce, incluso más que el Tyrannosaurus y el Carcharodontosaurus.

«Reptil con espinas»
SPINOSAURUS significa «reptil con espinas». ● **Descubrimiento:** fue hallado en Níger y Egipto. ● **Dimensiones:** medía hasta 17 m de largo y 5 m de alto. ● **Época:** mediados del Cretácico.

Con las garras y los dientes el Spinosaurus sujetaba bien su presa.

Spinosaurus Sus *mandíbulas* eran largas como las de un cocodrilo. **Andaba a dos patas** y con las delanteras sujetaba sus presas. A pesar de su tamaño era **bastante ligero**, por lo que podía cazar fácilmente peces y dinosaurios. Poniendo su **enorme vela** frente al sol se calentaba enseguida, y si la ponía de cara al viento se refrescaba el cuerpo.

Psittacosaurus
El dinosaurio con pico de loro

Su nombre se debe a la forma del hocico, muy parecido al pico curvo del loro. Es el primer dinosaurio conocido que desarrolló este pico para cortar plantas de hojas duras.

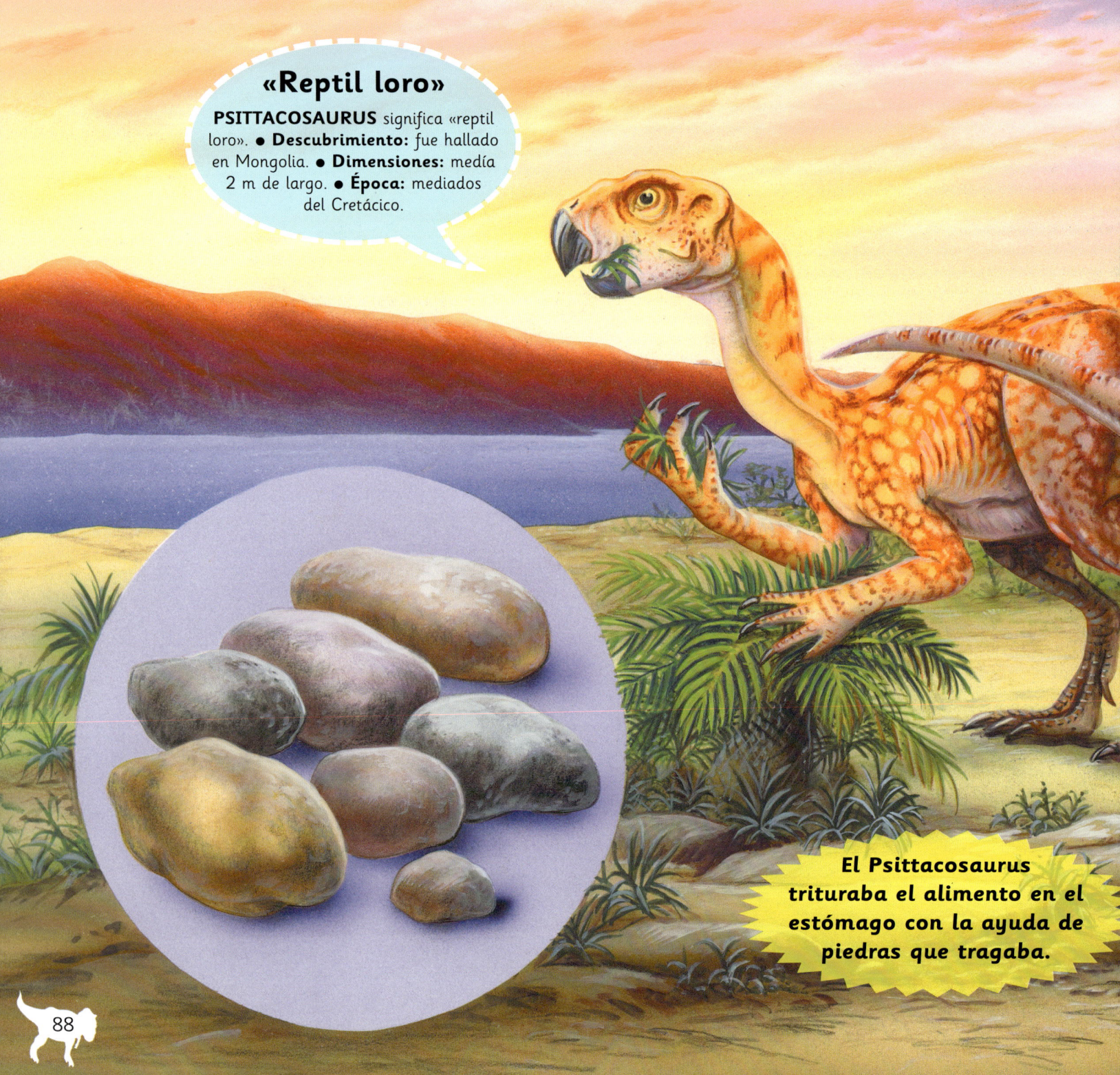

«Reptil loro»
PSITTACOSAURUS significa «reptil loro». ● **Descubrimiento:** fue hallado en Mongolia. ● **Dimensiones:** medía 2 m de largo. ● **Época:** mediados del Cretácico.

El Psittacosaurus trituraba el alimento en el estómago con la ayuda de piedras que tragaba.

Psittacosaurus Vivió en la época en que aparecieron las primeras plantas con flores y quizá usaba su **fuerte pico curvo** para recortar sus hojas duras. Era de **tamaño pequeño** y cuando se alzaba para agarrar las ramas, casi medía de alto como un ser humano.

CRETÁCICO

Psittacosaurus

Los pico de pato

Estos dinosaurios tenían un pico muy ancho, parecido al del pato. Vivían en manadas para defenderse mejor de los depredadores. Es posible que habitaran bosques frondosos y zonas pantanosas.

Saurolophus Fue el antecesor del Parasaurolophus, pues su cresta apuntando hacia atrás, era aún muy corta.

Tsintaosaurus

Hypacrosaurus

Hadrosaurus

Sus crías nacían sin cresta; ésta les crecía a medida que se hacían adultos.

Parasaurolophus
Su cresta sonaba como un trombón

Fue uno de los dinosaurios pico de pato más llamativos. Tenía una larga cresta en forma de tubo que se curvaba hacia atrás desde el hocico y podía medir 1,8 m. Con ella emitía fuertes bramidos que se oían a gran distancia.

«Afín al reptil crestado»
PARASAUROLOPHUS significa «afín al reptil crestado». ● **Dimensiones:** medía hasta 12 m de largo. ● **Época:** finales del Cretácico.

El Parasaurolophus avisaba de un peligro a sus compañeros mediante el bramido con su cresta.

Parasaurolophus Usaba su *cresta de tubo* para emitir *bramidos* parecidos a un trombón para comunicarse con los de su grupo, pues vivía en *manadas*, y para reconocerse entre sí. Las hembras tenían la cresta más pequeña. Podía andar *sobre cuatro y sobre dos patas*, lo cual le permitía morder las plantas bajas y las más altas, con su *pico ancho como el de los patos*.

Corythosaurus Su *cresta* de distintos tamaños servía para reconocerse entre sí. Las hembras y las crías la tenían más pequeña que los machos. Dentro de la cresta había conductos de aire por los que *emitía sonoros bramidos* para atraer al otro sexo. Con su *largo hocico* llegaba a las plantas más difíciles y las trituraba con sus *cientos de dientes pequeños*, que a medida que caían eran sustituidos por otros nuevos.

Corythosaurus
Un dinosaurio con casco

Se distinguía por la cresta, alta y estrecha, que parecía medio plato puesto de canto sobre la coronilla. Probablemente era de vivos colores y servía para identificarse entre ellos y para emitir sonoros bramidos.

CRETÁCICO

Corythosaurus

«Reptil con casco»

CORYTHOSAURUS significa «reptil con casco». ● **Descubrimiento:** fue hallado en Alberta (Canadá). ● **Dimensiones:** medía 10 m de largo y 6 m de alto. ● **Época:** 2.ª mitad del Cretácico.

El Corythosaurus vivía en las zonas pantanosas de los bosques. Es muy posible que supiera nadar o cruzar aguas poco profundas.

95

Maiasaura
Una buena madre para sus crías

Se llamó así a este dinosaurio después de encontrar muchos nidos con restos de cáscaras de huevo, pequeños esqueletos y fósiles de hojas, frutas y semillas. Ésta fue la primera prueba de dinosaurios gigantescos que cuidaban a sus crías hasta que podían valerse por sí solas.

En América del Norte se han encontrado tantos nidos con esqueletos y restos de huevos de Maiasaura, que se cree que vivieron en manadas inmensas.

«Reptil buena madre»

MAIASAURA significa «reptil buena madre». • **Descubrimiento:** fue hallado en Montana (Estados Unidos). • **Dimensiones:** medía entre 6 y 8 m de largo y de 3 a 4 m de alto. • **Época:** 2.ª mitad del Cretácico.

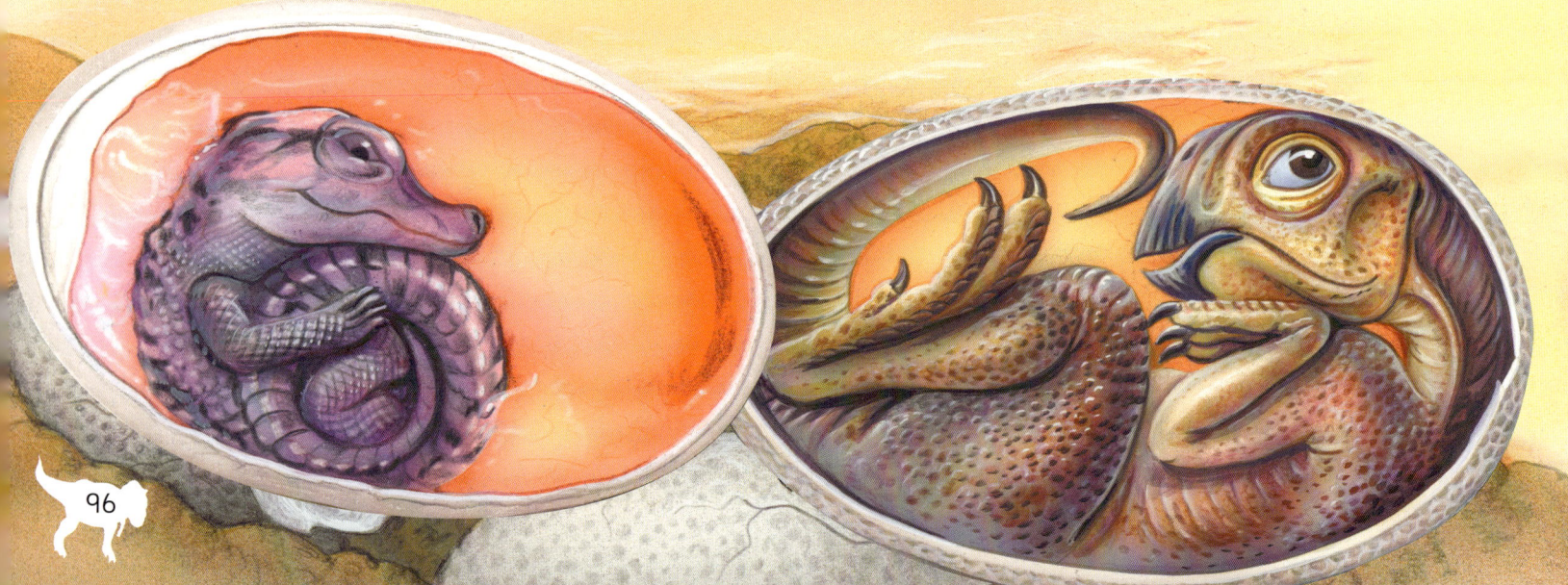

Maiasaura La hembra ponía *de 18 a 30 huevos* en un gran nido en el suelo. Durante la incubación, *los fetos medían 50 cm de largo*. Cuando salían del huevo, los padres los cuidaban y *les traían comida*. Los pequeños se alimentaban de toda clase de plantas, frutas y semillas. Las crías estaban *en el nido unos 2 meses*. Cuando alcanzaban 1,5 m de largo ya estaban listos para abandonar el nido y unirse a la manada. Crecían muy rápido.

CRETÁCICO

Maiasaura

Oviraptor
El ladrón de huevos

El fósil de este animal se encontró con la cabeza destrozada junto a un nido lleno de huevos de Protoceratops. Por eso se cree que pudo morir al intentar robar los huevos. El otro seguramente aplastó de un pisotón la cabeza del intruso.

Las plumas, el pico y los huesos del Oviraptor hacen pensar que fuera un animal de transición entre los dinosaurios y las aves.

«Ladrón de huevos»

OVIRAPTOR significa «ladrón de huevos». • **Descubrimiento:** fue hallado en Mongolia. • **Dimensiones:** medía hasta 2 m de largo y 1,5 m de alto. • **Época:** finales del Cretácico.

Oviraptor Aunque *no tenía dientes*, podía partir los huevos de dinosaurio gracias a su *pico curvo* mientras los sujetaba con las patas delanteras. Después de robar la comida, *huía a gran velocidad* con sus ágiles patas traseras. Tenía una *cresta*, y *plumas* en el lomo, las patas delanteras y la cola.

CRETÁCICO

Oviraptor

«Semejante a la gallina»

GALLIMIMUS significa «semejante a la gallina». ● **Descubrimiento:** fue hallado en Mongolia. ● **Dimensiones:** medía 4 m de largo y 3 m de alto. ● **Época:** finales del Cretácico.

Gallimimus Parecía un gran avestruz, por su *largo cuello* y su *pico sin dientes*, pero carecía de plumas y alas. Tenía los brazos cortos con *tres garras* en cada mano, que le servían *para escarbar* en el suelo y desenterrar los huevos y gusanos que, junto con las plantas, era lo que comía. También cogía insectos con el pico.

Gallimimus
Más veloz que una gallina

Era un dinosaurio realmente veloz. Daba grandes zancadas y podía dejar atrás a la mayoría de los depredadores. Mantenía la cola recta para conservar el equilibrio mientras corría y podía alcanzar los 60 km por hora.

CRETÁCICO

Gallimimus

Estos Gallimimus huyen corriendo de unos dinosaurios carnívoros, pues no tenían armas para defenderse.

¿Dinosaurios o aves?

Existieron animales a medio camino entre los dinosaurios y las aves: tenían plumas, una especie de alas y patas parecidas a las de un ave, pero su cola huesuda era de dinosaurio.

Archaeopteryx podría ser el eslabón perdido de la cadena evolutiva entre los dinosaurios y las actuales aves.

Caudipteryx
Su nombre significa «cola emplumada». Aunque no volaba, sí podía planear de un árbol a otro, o batir las alas para asustar al enemigo.

Oviraptor
Además de las plumas, tenía una clavícula muy parecida al hueso de las aves actuales, pero no podía volar.

Beipiaosaurus
Con sus más de 2 m de longitud, es el dinosaurio con plumas más grande que se conoce. Fue hallado en China.

Sinornithosaurus
También fue hallado en China y aunque se parecía a un ave, era incapaz de volar. Sus brazos y manos eran muy largos para su cuerpo.

Archaeopteryx
Se parecía a las aves por las alas, las plumas y la clavícula. Podía agitar las alas y dar saltos cortos para cazar pequeños vertebrados.

El camuflaje

Los fósiles no nos pueden decir de qué color eran los dinosaurios, pero si observamos los animales que viven hoy, nos pueden dar algunas pistas.

Es de suponer que los dinosaurios fueran de colores muy variados, al igual que los animales de hoy día.

Puede que el Iguanodon fuese de color verdoso para camuflarse en los bosques de helechos.

Quién sabe si el Hypsilophodon cambiaría de color como ahora lo hace el camaleón.

¿A rayas, como un tigre?

La cresta del Corythosaurus sería de colores vivos, así le serviría como reclamo, igual que a la actual cacatúa.

¿Verde, como una lagartija?

Es posible que por vivir en un hábitat con poca vegetación, el Velociraptor tuviese la piel manchada como un leopardo, para poderse camuflar.

Deinonychus y Tenontosaurus

El pequeño puede al grande

El Deinonychus era un feroz carnívoro con una terrible garra curvada. Como cazaba en grupo, podía atacar al Tenontosaurus, que era el doble de grande.

Tenontosaurus Su cuerpo era robusto y *corpulento*, con *patas musculosas* para soportar su peso cercano a **1 tonelada**. No tenía dientes, sino muelas para *mascar las hojas*. Se defendía con su fuerte y *larga cola*.

Este Tenontosaurus no tiene armas defensivas para librarse del ataque en grupo de los Deinonychus.

Deinonychus Vivía en manadas y *cazaba en grupo* para matar animales mucho mayores que él. Con su *buena vista* localizaba presas a lo lejos y *corría ligero* tras ellas con la cola tiesa. Se echaba sobre la presa y la agarraba con sus *largos brazos* a cierta distancia para levantar el pie y *clavarle su garra en forma de hoz*. Con sus dientes curvados hacia atrás desgarraba la carne.

«Garra terrible»

DEINONYCHUS significa «garra terrible». • **Descubrimiento:** fue hallado en Montana. • **Dimensiones:** medía unos 3 m de largo. • **Época:** 1.ª mitad del Cretácico.

«Reptil fibroso»

TENONTOSAURUS significa «reptil fibroso». • **Descubrimiento:** se halló en Wyoming y Montana. • **Dimensiones:** medía hasta 6,5 m de largo y 2 m de alto. • **Época:** 1.ª mitad del Cretácico.

CRETÁCICO

Deinonychus y Tenontosaurus

«Primera cara con cuernos»

PROTOCERATOPS significa «primera cara con cuernos». • **Descubrimiento:** fue hallado en Mongolia. • **Dimensiones:** medía 2 m de largo. • **Época:** finales del Cretácico.

Protoceratops

Su cuerpo era *pequeño y pesado*, y andaba sobre cuatro patas. En torno al cuello tenía una *coraza ósea* para sus mandíbulas que, junto con el *pico*, le protegía de los ataques de los carnívoros. A pesar de su fiero aspecto, sólo *comía plantas*.

Velociraptor

Aunque menor que el Deinonychus, era muy parecido. *Corría veloz* con la cola tiesa para cambiar de dirección rápidamente, y alzando la *larga garra curva* de cada pie para no dañarla, pues la usaba *para matar* a sus presas cuando cazaba en grupo.

«Ladrón veloz»

VELOCIRAPTOR significa «ladrón veloz». • **Descubrimiento:** fue hallado en Mongolia y China. • **Dimensiones:** medía 1,8 m de largo. • **Época:** finales del Cretácico.

Velociraptor y Protoceratops
El veloz corredor ataca en grupo

El Velociraptor era un carnívoro veloz y terrible cuando cazaba en grupo. El Protoceratops, de igual tamaño pero mucho más pesado, sólo podía defenderse con su enorme pico y su gran coraza alrededor del cuello.

CRETÁCICO

El Protoceratops es un dinosaurio famoso porque de él eran los primeros huevos de dinosaurio que se encontraron.

Enormes cabezas con cuernos

Hubo tres familias principales de dinosaurios con cuernos. Todos eran herbívoros y poseían unas espectaculares placas óseas alrededor del cuello. Posiblemente les servían para asustar a sus enemigos o para atraer a las hembras y disputarlas con los machos de su especie usando los cuernos.

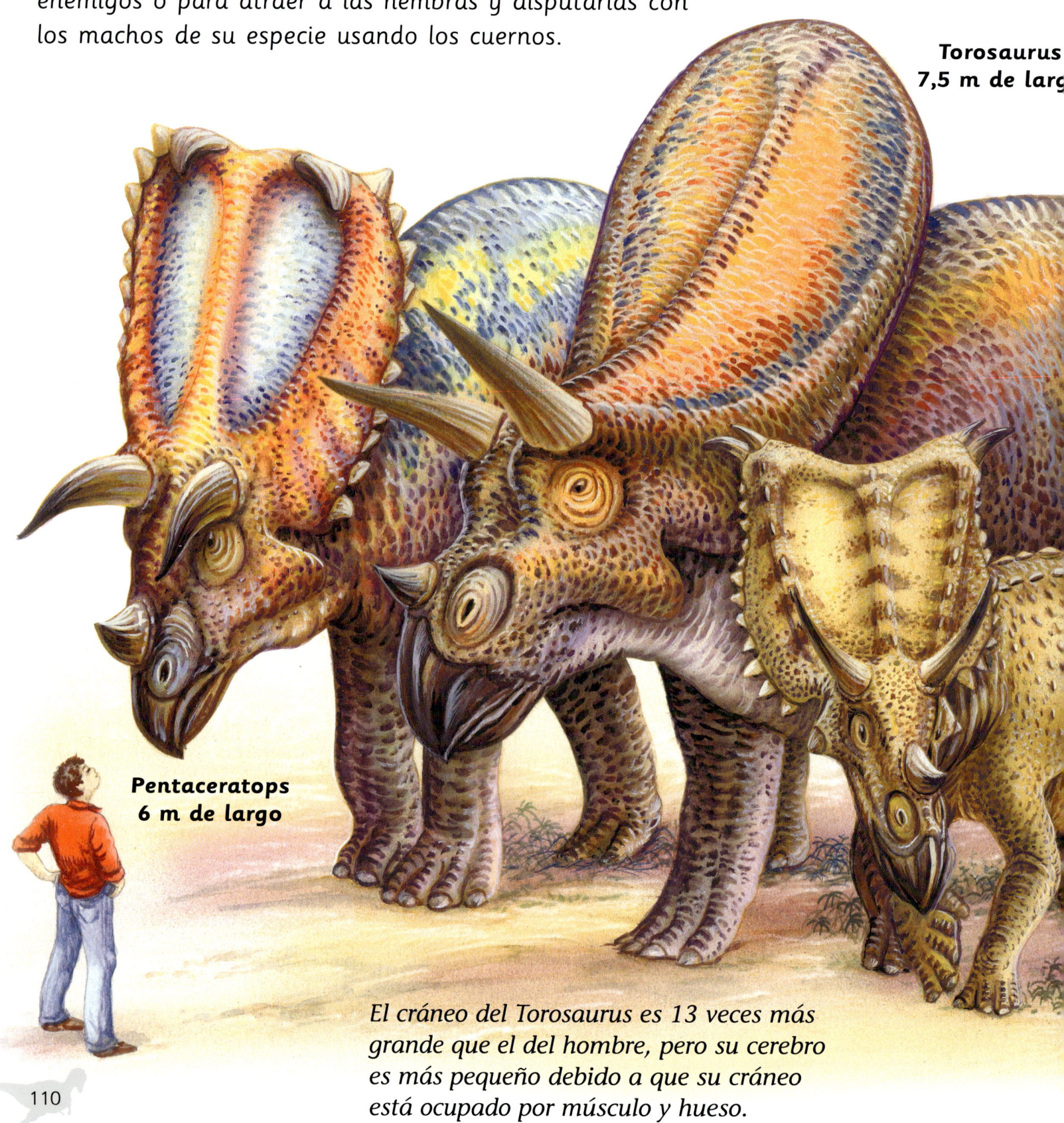

Torosaurus
7,5 m de largo

Pentaceratops
6 m de largo

El cráneo del Torosaurus es 13 veces más grande que el del hombre, pero su cerebro es más pequeño debido a que su cráneo está ocupado por músculo y hueso.

Nunca se han encontrado esqueletos enteros del Triceratops, pero por la gran cantidad de cráneos y cuernos hallados parece que era uno de los más abundantes de su época.

Bagaceratops Protoceratops Centrosaurus   Triceratops

Triceratops
9 m de largo

El Triceratops fue de los últimos dinosaurios con cuernos que vivieron en la Tierra. Se parecía bastante a un gigantesco rinoceronte.

Carnotaurus
Con dos cuernos como los toros

Era un carnívoro feroz con su enorme cabeza y sus dientes afilados. Su piel estaba cubierta por hileras de espinas que la hacían muy dura, desde la cabeza a la cola. Tenía las patas delanteras diminutas y dos pequeños cuernos.

La cabeza del Carnotaurus estaba hundida a los lados para que pesara menos y pudiera moverla mejor.

CRETÁCICO — Carnotaurus

Carnotaurus A diferencia de otros dinosaurios con *cuernos*, los suyos eran *pequeños* y no le servían de defensa. Los machos los utilizaban en los combates por las hembras. Tenía los *ojos muy pequeños* comparados con el tamaño de su *cabeza, de más de medio metro*. Sus largas patas traseras le daban agilidad para correr.

«Toro carnívoro»

CARNOTAURUS significa «toro carnívoro». ● **Descubrimiento:** fue hallado en la Patagonia (Argentina). ● **Dimensiones:** medía 7,5 m de largo y 3,5 m de alto. ● **Época:** mediados del Cretácico.

Chasmosaurus La *placa ósea* rectangular del cuello no era de hueso macizo, sino que se componía de músculos cubiertos con piel. Aunque estaba rodeada de cuernecillos, le *servía sólo para exhibirse y asustar*. Sobre los ojos y en la nariz tenía *cuernos puntiagudos*. Se cree que los machos rivales por la hembra forcejeaban con los cuernos de la frente como los ciervos actuales.

«Reptil del barranco»

CHASMOSAURUS significa «reptil del barranco». ● **Descubrimiento:** fue hallado en Alberta (Canadá). ● **Dimensiones:** medía 5 m de largo. ● **Época:** finales del Cretácico.

Chasmosaurus
El primero con placa ósea y cuernos

Es el dinosaurio más antiguo con una larga placa ósea en el cuello, además de cuernos. Era herbívoro y vivía en grupos para protegerse: cualquier carnívoro, al ver tan impresionantes placas óseas y cuernos apuntando hacia él, no atacaría.

CRETÁCICO

Chasmosaurus

A pesar de su aspecto, el Chasmosaurus se alimentaba sólo de plantas, que cortaba con su pico curvo.

Pentaceratops
¿Cinco cuernos o en realidad tres?

Cuando se encontró su cráneo, se pensó que tenía cinco cuernos: los dos del frente, el de la nariz y dos a los lados; pero luego se vio que los dos cuernos laterales eran prolongación de las mejillas, que sobresalían mucho.

«Cara con cinco cuernos»
PENTACERATOPS significa «cara con cinco cuernos». ● **Descubrimiento:** fue hallado en Nuevo México. ● **Dimensiones:** medía 7 m de largo. ● **Época:** finales del Cretácico.

Pentaceratops Se defendía con los **dos cuernos largos** dirigidos hacia el frente. El borde de la **placa ósea, con cuernecillos**, le servía de defensa adicional contra los depredadores que intentaran morderle el cuello. Cuando bajaba la cabeza, la placa quedaba en posición vertical y el animal parecía aún más amenazador. *Pastaba* entre las plantas bajas, que partía con el fuerte *pico*. Tenía unas *patas musculosas*, parecidas a las de los rinocerontes.

Estos Pentaceratops son dos machos que se disputan a la hembra entrechocando los cuernos.

CRETÁCICO

Pentaceratops

Triceratops y Therizinosaurus

El mayor con cuernos y el de garras

El Triceratops era el dinosaurio con cuernos más grande y fuerte. Pero en su misma época vivía el Therizinosaurus, que poseía unas larguísimas garras de más de 70 cm.

Triceratops Vivía en *manadas* y sólo atacaba para defenderse. En la frente tenía *dos cuernos que medían hasta 1 m*, y otro corto en el hocico. Andaba sobre cuatro patas; las delanteras eran muy fuertes, para soportar el peso de la *cabeza, que medía 2 m*. Su *placa ósea* le protegía el cuello. Comía plantas, que cortaba con su *pico*.

Ante las garras del Therizinosaurus es cuestión de salir corriendo, a pesar de los cuernos del Triceratops.

«Cara de tres cuernos»

TRICERATOPS significa «cara de tres cuernos». ● **Descubrimiento:** fue hallado en Wyoming (Estados Unidos). ● **Dimensiones:** medía 9 m de largo. ● **Época:** finales del Cretácico.

Therizinosaurus Se sabe muy poco de él porque apenas se encontraron huesos. Destacan sus enormes **garras delanteras**, que quizá usaba para sacudir árboles muy altos y comer las hojas, o bien para defenderse. Otros creen que era carnívoro. Caminaba **sobre dos patas**.

«Reptil guadaña»

THERIZINOSAURUS significa «reptil guadaña» por sus enormes garras. ● **Descubrimiento:** fue hallado en Mongolia. ● **Dimensiones:** medía hasta 12 m de largo. ● **Época:** finales del Cretácico.

Las defensas de los dinosaurios

Para defenderse de los depredadores algunos dinosaurios desarrollaron diferentes partes del cuerpo: pinchos, garras, mazas, escudos e incluso látigos.
Usaban estas defensas para evitar ser devorados...
¡o para atacar y devorar si eran carnívoros!

Diplodocus
Tenía una cola que se hacía más fina al final en forma de látigo. Sus enemigos se lo pensaban antes de acercarse a él.

Stegosaurus
Su cola no era demasiado larga, pero tenía dos enormes pinchos a cada lado.

Euoplocephalus
¿Qué te parece su maza de hueso en la cola?

Hylaeosaurus
Se pegaba contra el suelo resguardando las partes blandas de su cuerpo.

Styracosaurus
Su placa ósea no estaba bordeada por cuernecillos sino por unos largos cuernos en la parte superior.

Los pacíficos dinosaurios que se alimentaban de plantas tenían que usar estas defensas para no ser comidos por los carnívoros.

Stygimoloch
Tenía la cabeza cubierta de pinchos, así que había que evitar sus cabezazos.

Triceratops
Formaba un círculo para proteger dentro a sus crías y se defendía con los cuernos.

Saichania Tenía la cabeza y todo su cuerpo cubiertos por una *coraza ósea llena de pinchos* que lo protegían. La cola terminaba con una *pesada maza* que sacudía para atacar a sus enemigos.

«Hermoso»

SAICHANIA significa «hermoso», por estar muy bien conservado su esqueleto. ● **Descubrimiento:** fue hallado en Mongolia. ● **Dimensiones:** medía 7 m de largo. ● **Época:** finales del Cretácico.

El Saichania se defiende con su cola del Tarbosaurus, aunque este sea más grande y feroz.

Tarbosaurus y Saichania
Grandes fauces frente a una maza

El Tarbosaurus era pariente del Tyrannosaurus, con unas fauces enormes y capaz de correr sobre dos patas para echarse sobre sus presas. Pero el Saichania le podía dar un mazazo con su cola.

CRETÁCICO

Tarbosaurus y Saichania

Tarbosaurus Era de la familia de los tiranosáuridos, pero tenía la *cabeza mayor* y el *cuerpo menos pesado* que el Tyrannosaurus. Con sus fauces abiertas debió de ser *espeluznante*. Sus brazos y manos eran muy pequeños, inservibles para la lucha, pero las fuertes *garras de sus patas* le ayudaban a derribar a sus presas.

«Reptil alarmante»

TARBOSAURUS significa «reptil alarmante». • **Descubrimiento:** se halló en Mongolia. • **Dimensiones:** medía entre 10,5 y 12 m de largo y pesaba entre 5 y 5,5 toneladas. • **Época:** finales del Cretácico.

Pachycephalosaurus
Un dinosaurio con la cabeza dura

Su cráneo era tan grueso que embestía a los machos rivales a cabezazos para establecer quién dominaba en el grupo. También le sería útil para defenderse de los depredadores.

Estos machos de Pachycephalosaurus se dan cabezazos para demostrar quién es el más fuerte en el grupo.

CRETÁCICO

Pachycephalosaurus

Pachycephalosaurus Era *herbívoro* y vivía en manadas. Tenía la *cabeza abombada* y es que el cráneo medía 25 cm de grosor. Se cree que lo usaba *para embestir* al macho rival en la pelea por las hembras, al igual que hacen hoy día las cabras. Encima del *pico curvo* sobresalían *pinchos* que podían herir a cualquiera que lo atacara.

«Reptil de cabeza gruesa»

PACHYCEPHALOSAURUS significa «reptil de cabeza gruesa». ● **Descubrimiento:** se halló en Montana (Estados Unidos). ● **Dimensiones:** medía 8 m de largo. ● **Época:** finales del Cretácico.

125

Stygimoloch
El dinosaurio con cuernos de ciervo

Se cree que su cornamenta servía para mostrar su poder dentro de la manada y para asustar a los dinosaurios carnívoros que quisieran atacarlo. Pero su mejor defensa sería echar a correr, pues era muy ágil.

El Stygimoloch comía plantas, frutos, semillas y probablemente insectos.

Stygimoloch También tenía la cabeza gruesa, pero adornada con *racimos de cuernos a los lados*, que le servían más para impresionar que para luchar. Como los ciervos actuales, es probable que los machos *se empujaran a cabezazos* para disputarse a la hembra o por dominar en el grupo.

«Diablo del río del infierno»

STYGIMOLOCH significa «diablo del río del infierno», por el lugar donde se encontró, en Montana (Estados Unidos). ● **Dimensiones:** medía 3 m de largo y 2 m de alto. ● **Época:** finales del Cretácico.

Stenonychosaurus
¿El dinosaurio más inteligente?

Su cerebro era muy grande, comparado con el de la mayoría de dinosaurios. Por eso se dice que fue el más inteligente. Pero quizá ese mayor cerebro le servía para tener los sentidos muy desarrollados, unos reflejos rápidos y habilidad para manejar objetos con las patas.

Varios científicos creen que si el Stenonychosaurus hubiese continuado su evolución, se habría parecido a los humanos.

Stenonychosaurus Tenía el cuello largo, *ojos grandes*, mandíbulas largas y estrechas con pequeños dientes afilados, patas delanteras con *tres dedos finos* y largas patas traseras adaptadas para correr. Por el *gran tamaño de su cerebro* se cree que tenía muy buena visión y memoria.

CRETÁCICO

Stenonychosaurus

«Reptil de dedos finos»

STENONYCHOSAURUS significa «reptil de dedos finos». ● **Descubrimiento:** se halló en Alberta (Canadá). ● **Dimensiones:** media 2 m de largo. ● **Época:** 2.ª mitad del Cretácico.

«Reptil de Salta»

SALTASAURUS significa «reptil de Salta», por la provincia argentina en la que fue descubierto. ● **Dimensiones:** medía 12 m de largo. ● **Época:** finales del Cretácico.

Saltasaurus Tenía unas *placas óseas ovaladas* repartidas por el lomo y muchos bultitos óseos en la piel. Esta especie de *coraza* le protegía de posibles ataques. Se levantaba sobre sus patas traseras, apoyándose en la cola, para alimentarse de las copas altas de los árboles.

Saltasaurus
Un dinosaurio con coraza

Este enorme dinosaurio herbívoro debía de imponer con su tamaño, pero además poseía una garra curva para defenderse, una larga cola que podía sacudir para alejar a sus enemigos y una coraza de placas óseas en el lomo.

CRETÁCICO

Saltasaurus

El Saltasaurus habitaba entre árboles y helechos, y como todos los herbívoros, andaba a cuatro patas.

Tyrannosaurus
El mayor dinosaurio carnívoro

Fue el más grande de los dinosaurios carnívoros. Tan sólo la cabeza medía más de 1,5 m y su enorme boca estaba llena de afilados dientes de 20 cm. Su cuerpo era pesado y medía en total 14 m de largo.

Tyrannosaurus De cuerpo pesado y cabeza maciza, sus *grandes mandíbulas medían 1,5 m* y estaban llenas de *afilados dientes curvos* con los que mataba a su presa al embestirla con la boca abierta y sacudirla con su *cuello grueso y musculoso*. Es probable que se escondiera entre los árboles y saltara sobre la presa.

«Reptil tirano»

TYRANNOSAURUS significa «reptil tirano». ● **Descubrimiento:** se halló en Montana (Estados Unidos). ● **Dimensiones:** medía hasta 14 m de largo y unos 6 m de alto. ● **Época:** finales del Cretácico.

CRETÁCICO

Tyrannosaurus

Dos grandes carnívoros

Enormes y poderosos, estos dos devoradores de carne con sus descomunales mandíbulas y dientes podían descuartizar a una presa en segundos.

Giganotosaurus

Fue uno de los mayores carnívoros que ha existido. Pesaba 8 toneladas y media más de 12 m de largo. Se encontró en la Patagonia (Argentina).

La robustez del cráneo le permitía resistir el impacto al embestir a su presa con las fauces abiertas.

Compara un diente humano con uno del Tyrannosaurus rex.

Tyrannosaurus rex
De 6 m de alto, 15 m de largo y 7 toneladas (¡como dos elefantes juntos!), el Tyrannosaurus fue un temible carnívoro.

Tipos de pies

Las patas de los dinosaurios eran muy variadas. Los herbívoros grandes tenían unas patas robustas parecidas a las de los elefantes. Las patas de los dinosaurios bípedos eran alargadas, como las de las aves, y la mayoría tenían garras.

Las huellas ayudan a calcular con qué rapidez se movían.

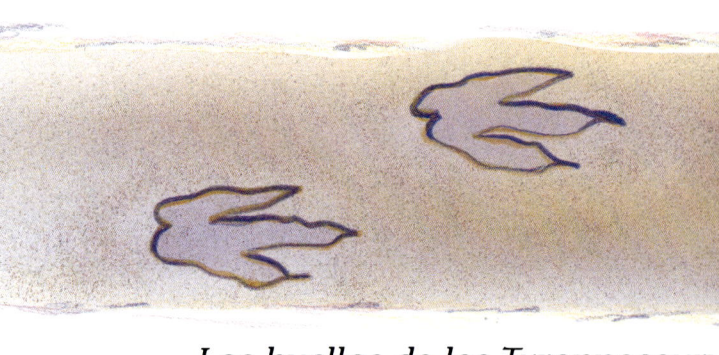

Las huellas de los Tyrannosaurus

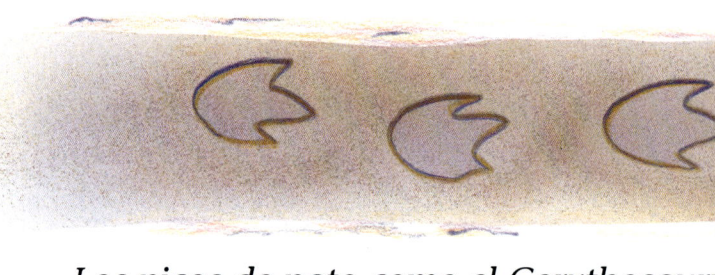

Los picos de pato como el Corythosaurus

Los Barosaurus dejaban grandes huellas

Las huellas de los dinosaurios con cuernos eran

Los dinosaurios con coraza dejaban huellas

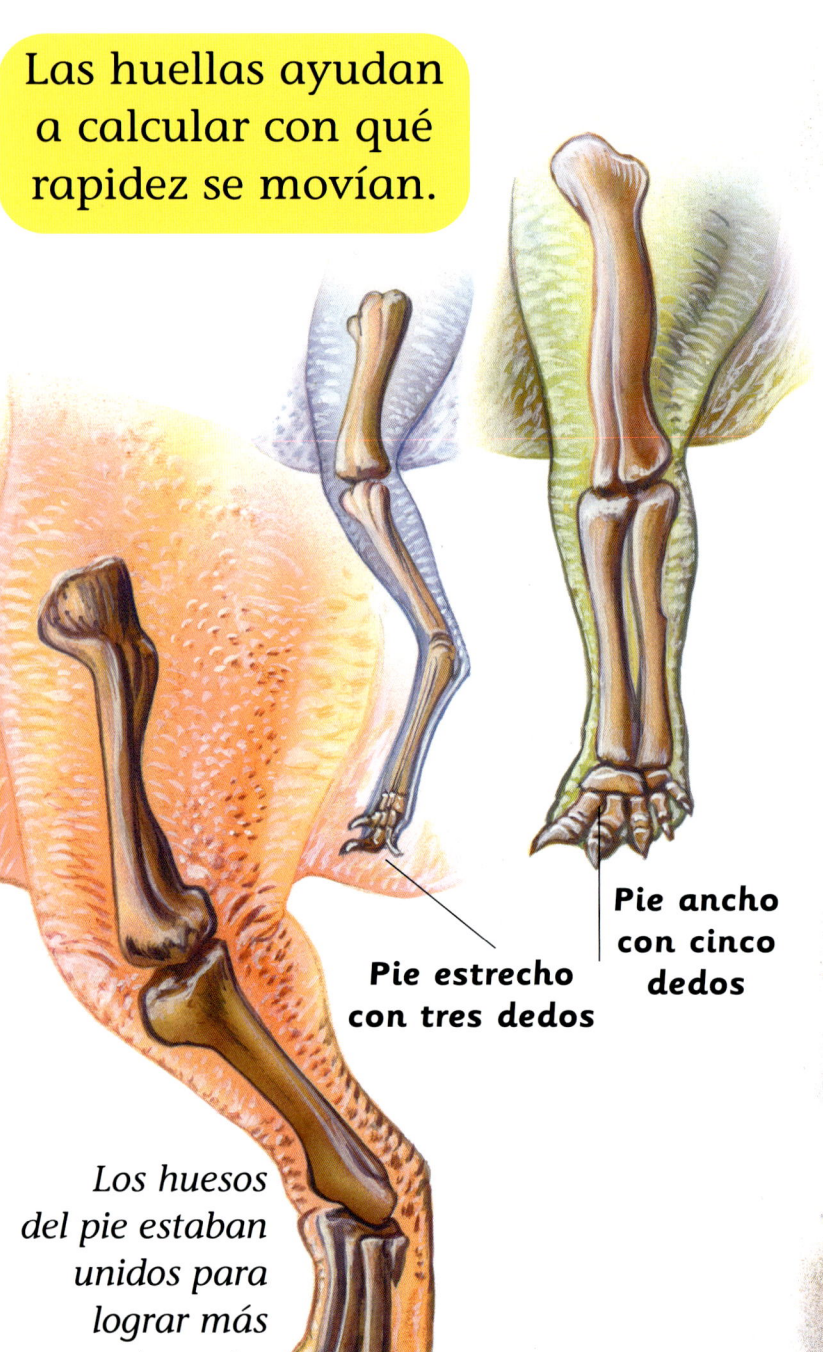

Pie estrecho con tres dedos

Pie ancho con cinco dedos

Los huesos del pie estaban unidos para lograr más resistencia.

Pata trasera del Tyrannosaurus rex

parecen las de un ave gigante.

dejaban huellas redondas con tres dedos.

on las patas traseras y pequeñas con las delanteras.

Las patas de los grandes herbívoros tenían enormes huesos para soportar el peso del animal.

omo las de los Barosaurus pero más pequeñas.

obles con los dedos muy marcados.

Clases de terópodos

Los terópodos son inmensos carnívoros con pies de bestia que vivieron en Asia y Norteamérica a finales del Cretácico. Se consideran los mayores carnívoros terrestres que han existido jamás. Todos tenían enormes cabezas con fuertes mandíbulas llenas de dientes largos.

Los terópodos se dividen en tiranosáuridos (T) y carnosaurios (C).

Albertosaurus (T)
8 m de largo

Tyrannosaurus rex (T)
12 a 15 m de largo

Nanotyrannus (T)
4 m de largo

EXPLICACIONES CIENTÍFICAS

Gracias a los científicos podemos conocer a los animales que precedieron a los mamíferos. Ellos estudian los fósiles, reconstruyen los esqueletos y tratan de explicar la evolución.

La extinción de los dinosaurios

¿Por qué desaparecieron los dinosaurios hace 65 millones de años? Los investigadores propusieron varias explicaciones: glaciaciones, calentamiento, enfermedades, meteorito... La teoría más aceptada es la del choque de un meteorito contra la Tierra. Existen pruebas de que un objeto de roca, metal o hielo cayó en México y dejó un cráter de unos 200 km de diámetro.

El meteorito cayó en la península de Yucatán (México).

Un objeto sólido de unos 10 km de diámetro impactó con el planeta Tierra.

La onda expansiva viajó a 16 km por segundo, destruyendo al instante todo a su paso debido al intenso calor generado, y produjo grandes maremotos y terremotos.

La teoría del meteorito

Los efectos inmediatos y a largo plazo del choque del meteorito fueron destructivos.

El calor generado por el choque (más que el producido por millones de bombas nucleares) pulverizó todo y provocó devastadores incendios.

Los dinosaurios y otras especies de animales y plantas no resistieron todos estos efectos y murieron.

Se calcula que el impacto del meteorito causó fuertes terremotos de una magnitud 10 en la escala de Richter, y enormes maremotos con olas impresionantes.

El calor y los incendios llenaron la atmósfera de cenizas y partículas de polvo que oscurecieron el cielo provocando que la temperatura de la Tierra bajara muchísimo.

¿Y después de los dinosaurios? ¡Los mamíferos!

Los mamíferos ya coexistían con los dinosaurios. A finales del Triásico, los cocodrilos, los pterosaurios y los dinosaurios ocuparon los vacíos dejados por los grupos extinguidos en ese momento, y dominaron toda la era Mesozoica (Jurásico y Cretácico), aunque ya entre sus patas corrían los pequeños mamíferos. Éstos, con la repentina desaparición de los dinosaurios y pterosaurios, son los que dominarán desde finales del Cretácico, acompañados de cocodrilos y aves.

Hace más de 60 millones de años, los mamíferos empezaron a dominar la Tierra. Generaron una gran variedad de animales que han ido evolucionando hasta hoy.

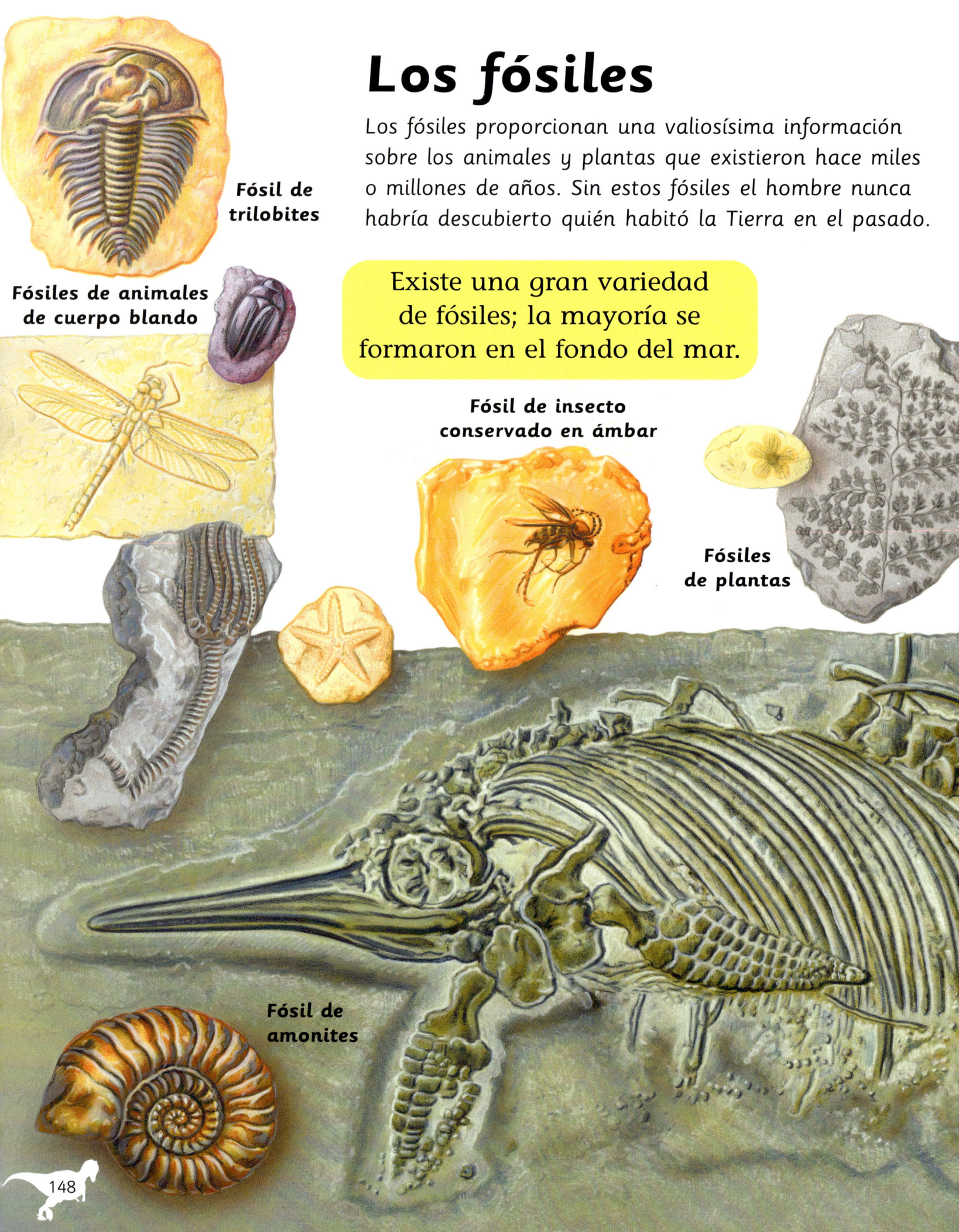

Los fósiles

Los fósiles proporcionan una valiosísima información sobre los animales y plantas que existieron hace miles o millones de años. Sin estos fósiles el hombre nunca habría descubierto quién habitó la Tierra en el pasado.

Fósil de trilobites

Fósiles de animales de cuerpo blando

Existe una gran variedad de fósiles; la mayoría se formaron en el fondo del mar.

Fósil de insecto conservado en ámbar

Fósiles de plantas

Fósil de amonites

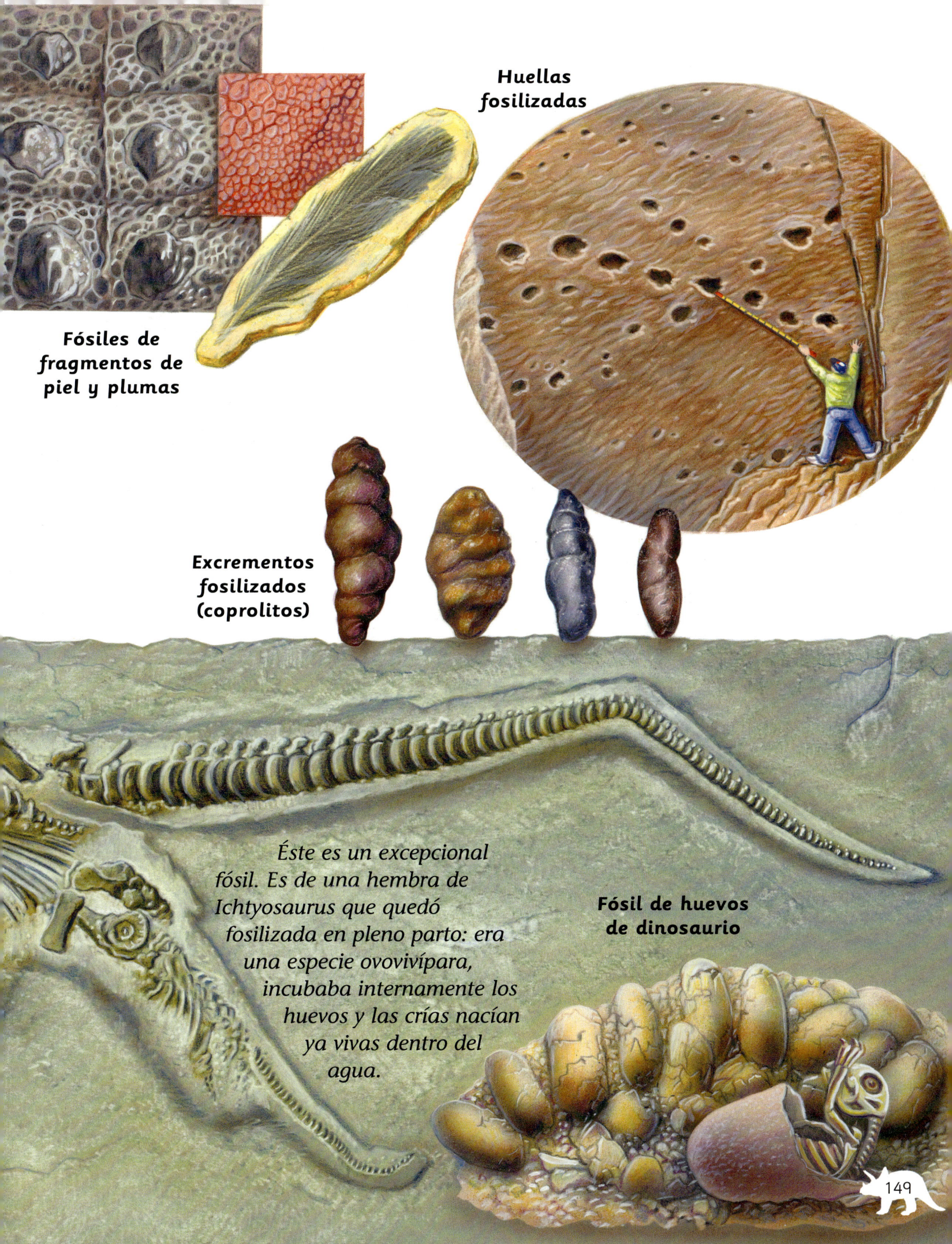

Fósiles de fragmentos de piel y plumas

Huellas fosilizadas

Excrementos fosilizados (coprolitos)

Éste es un excepcional fósil. Es de una hembra de Ichtyosaurus que quedó fosilizada en pleno parto: era una especie ovovivípara, incubaba internamente los huevos y las crías nacían ya vivas dentro del agua.

Fósil de huevos de dinosaurio

Formación de un fósil

Paso 1

Paso 2

El fósil se forma por acumulación de sedimentos sobre el cuerpo antes de que éste se descomponga. Es más fácil que se produzca en el mar, donde la sedimentación de arena es continua.

Generalmente sólo se fosilizan las partes duras del cuerpo: huesos, dientes, conchas.

Esta secuencia muestra cómo un Tyrannosaurus muerto se convierte en fósil:

1. El dinosaurio es arrastrado por la crecida de un río y queda rápidamente enterrado por el lodo.
2. Unos años después, sólo quedan los huesos bajo nuevas capas de sedimentos que van superponiéndose.
3. Decenas de millones de años después, las capas de sedimentos se han movido y se han convertido en roca, los huesos se han mineralizado y se han fosilizado.
4. Con el paso del tiempo los sedimentos se fracturan y empiezan a erosionarse.
5. La roca llega a erosionarse tanto que los fósiles van saliendo a la superficie. Los paleontólogos los están recuperando laboriosamente.

Cómo se extraen los fósiles

Casi todos los conocimientos sobre dinosaurios provienen de los fósiles que han permanecido enterrados durante millones de años. Los fósiles son descubiertos por científicos expertos que, a base de estudios y mucha experiencia, pueden identificarlos.

El trabajo de extracción de un fósil es lento y laborioso.

Herramientas de trabajo
Se usan unas herramientas bastante comunes para excavar, como martillos, brochas, cinceles, palas, picos, y algunos utensilios más pequeños, como pinceles e incluso cepillos de dientes, para trabajos que requieren más precisión y cuidado.

Moldes con yeso
Los expertos envuelven los huesos con yeso; éste se endurece y evita que los huesos se rompan al levantarlos.

Tomar datos y medidas

Los expertos toman medidas, notas, muestras, fotos y estudian bien la posición del fósil antes de proceder a su completa extracción.

¡Cómo pesa!

Se necesitan varias personas para levantar el pesado hueso envuelto en yeso y transportarlo a un camión. ¡Sobre todo deben evitar que se caiga!

Reconstruir dinosaurios

Reconstruir el esqueleto de un dinosaurio es una tarea que requiere grandes expertos y mucha paciencia. ¡Es como un puzle gigante!

Primero hay que limpiar, clasificar y restaurar todas las piezas.

La capa protectora de yeso se retira con mucho cuidado.

Más tarde los huesos se han de limpiar minuciosamente y con gran delicadeza para no dañarlos.

Los huesos se tratan con unas resinas especiales para protegerlos y endurecerlos.

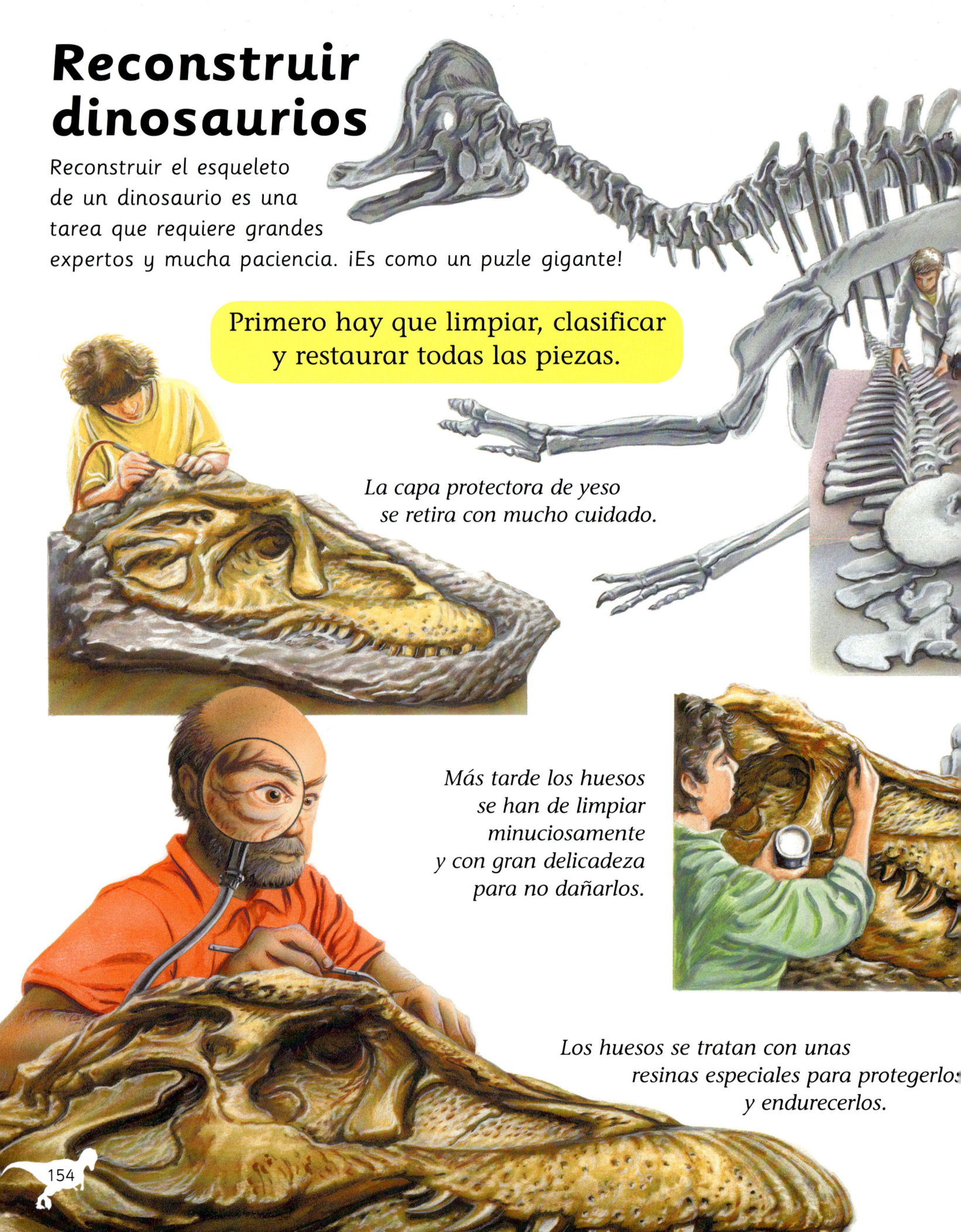

Los dinosaurios en los museos

Una vez reconstruido el dinosaurio, se coloca en un museo para que todos puedan conocerlo. Gracias a los museos, al cine y a los libros, existe el interés por aprender cómo vivían estos fascinantes animales que poblaron nuestro planeta mucho antes que nosotros.

Es fascinante encontrarse ante el esqueleto de un Diplodocus o de un Tyrannosaurus rex. ¡Cómo impresiona!

Este Diplodocus mide 26 m de largo y habría pesado más de 10 toneladas.

Los dinosaurios por dentro

Los paleontólogos estudian los huesos fósiles para encontrar los puntos de sujeción de los músculos. De esta manera pueden averiguar su forma e ir reconstruyendo el cuerpo entero de los dinosaurios.

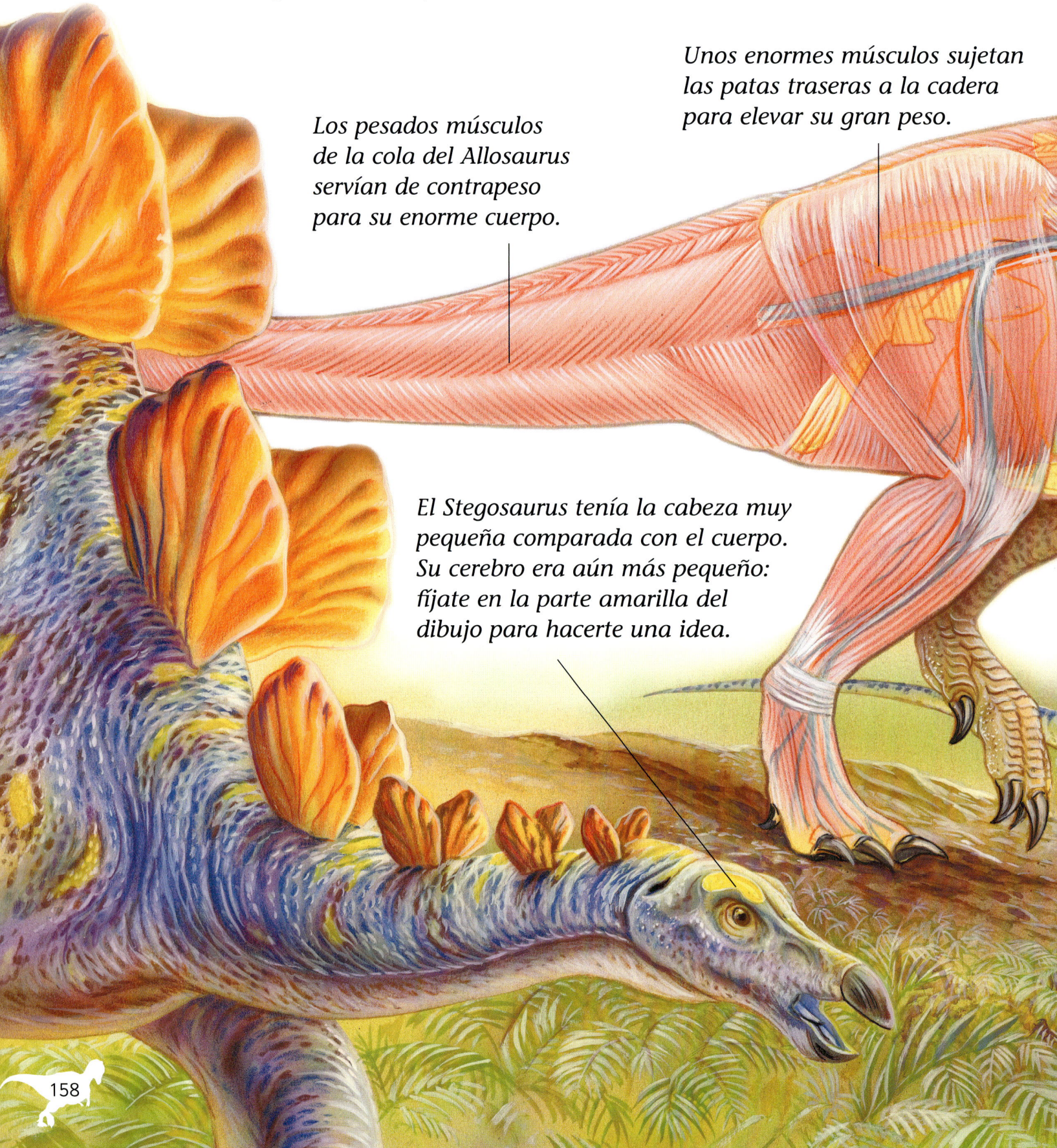

Los pesados músculos de la cola del Allosaurus servían de contrapeso para su enorme cuerpo.

Unos enormes músculos sujetan las patas traseras a la cadera para elevar su gran peso.

El Stegosaurus tenía la cabeza muy pequeña comparada con el cuerpo. Su cerebro era aún más pequeño: fíjate en la parte amarilla del dibujo para hacerte una idea.

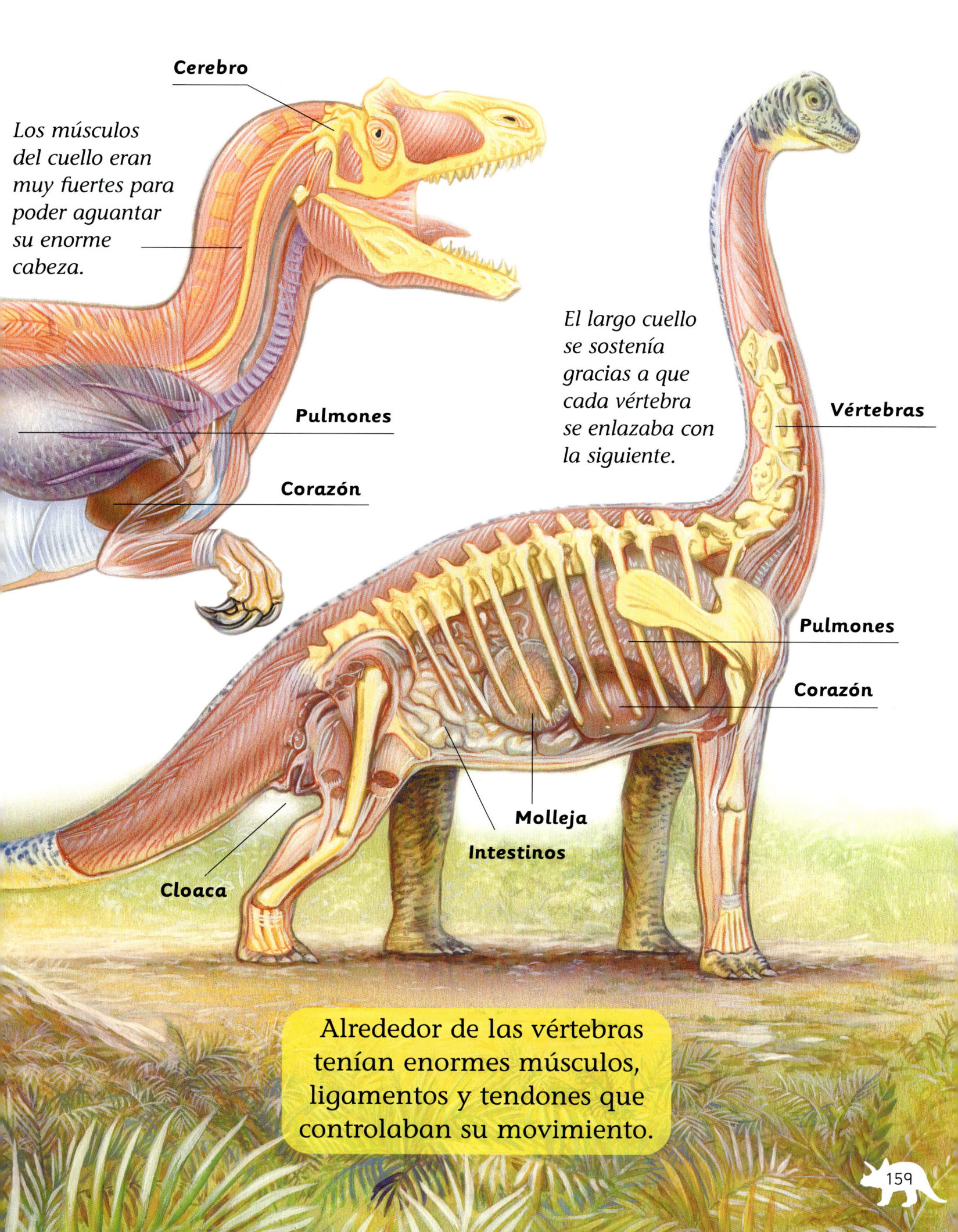

Yacimientos en Europa

Cuando los dinosaurios aparecieron en lo que hoy es Europa, este continente era desértico y tenía un clima muy cálido. Con el paso de miles de años, cuando el ambiente se volvió más tropical, surgieron especies como el Iguanodon y el ave más antigua, el Archaeopteryx.

Baryonyx
Era insaciable devorando peces.

Scelidosaurus
Tenía la cabeza pequeña y estaba recubierto de unas placas espinosas.

Camptosaurus

Pelecanimimus
Es el primer dinosaurio parecido a un ave hallado en Europa. Se parece a un pelícano y a un avestruz.

Compsognathus

Hypsilophodon

Archaeopteryx
Es posible que no volase apenas, tal vez planeaba por los árboles.

En España hay yacimientos de dinosaurios en Burgos, La Rioja, Soria, Cuenca, Lérida, Asturias y Aragón.

Megalosaurus
Con sus potentes garras podía atacar a grandes herbívoros.

Plateosaurus
Se han hallado varios esqueletos en muy buen estado y se conoce bastante bien.

Iguanodon
Se cree que vivía en manadas.

Yacimientos en África

Millones de años antes de que el ser humano apareciera, el continente africano estuvo habitado por una amplia variedad de dinosaurios de todos los tamaños y formas.

> África debió de ser un continente con mucha vegetación y un húmedo clima tropical, sin desiertos como hoy.

Ouranosaurus
Tenía una cresta por el lomo y parte de la cola.

Suchomimus
Tenía el cráneo alargado como los cocodrilos y garras en los pulgares de 12 cm de longitud.

Massospondylus
Sus enormes manos le podían servir para coger alimentos.

Lesothosaurus
Pequeño y parecido a un lagarto, corría veloz sobre sus dos patas traseras.

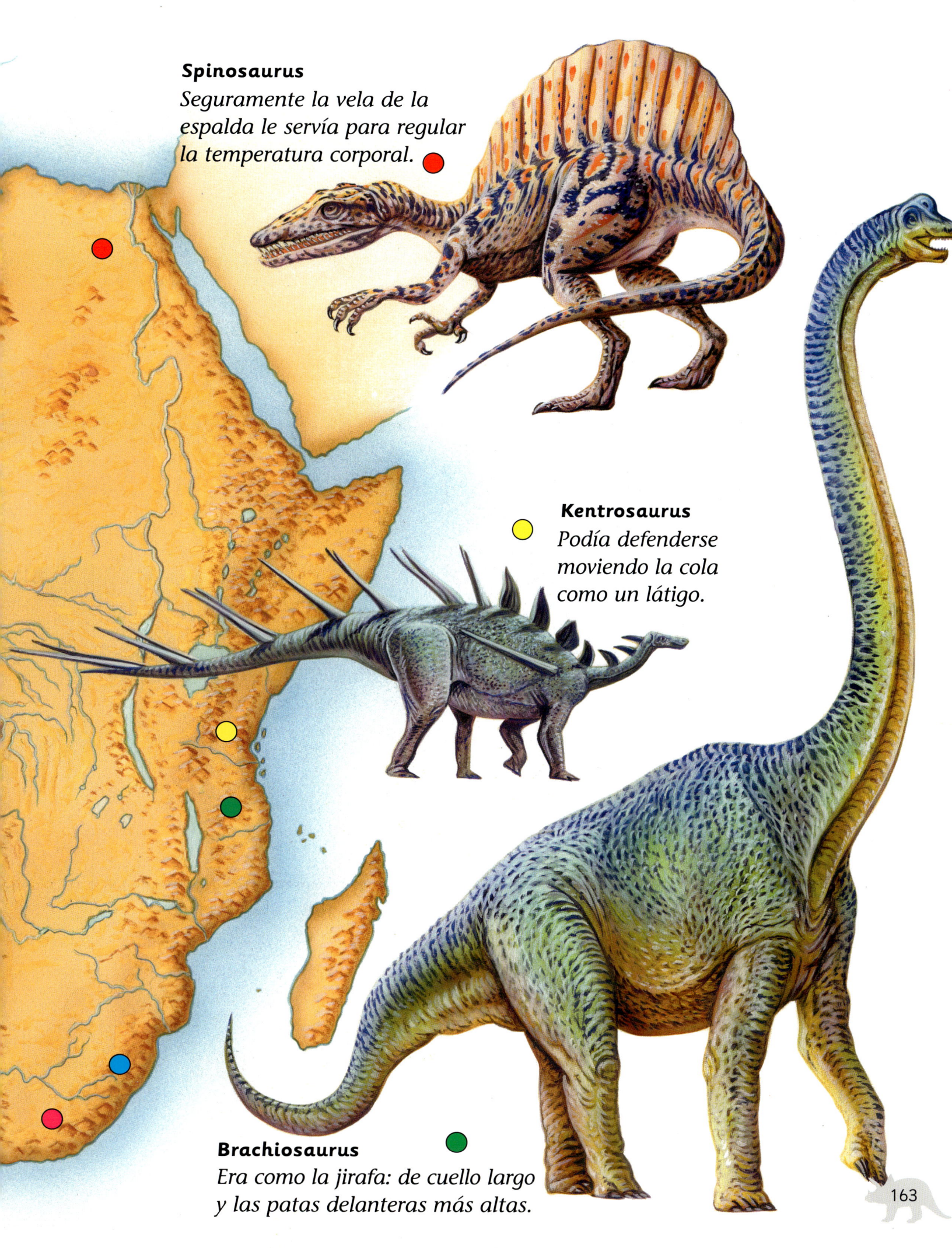

Spinosaurus
Seguramente la vela de la espalda le servía para regular la temperatura corporal.

Kentrosaurus
Podía defenderse moviendo la cola como un látigo.

Brachiosaurus
Era como la jirafa: de cuello largo y las patas delanteras más altas.

Yacimientos en Asia

Antes de saber que los fósiles encontrados eran de dinosaurio, hace más de 2.000 años los chinos pensaban que eran de enormes dragones y creían que tenían misteriosos poderes.

Gallimimus

En diversas expediciones al desierto de Gobi se han hallado asombrosas variedades de fósiles.

Shunosaurus
Como defensa tenía una maza con unos enormes pinchos.

Mamenchisaurus
Era el que tenía el cuello más largo. ¡Casi la mitad de sus 22 m correspondía al cuello!

Yacimientos en Norteamérica

Es donde se halla el mayor número de yacimientos conocidos. Las especies mejor estudiadas se han encontrado allí. Entre ellas el Tyrannosaurus rex, que sólo se ha localizado en América del Norte.

Parasaurolophus
Seguramente el cuerno le servía de caja de resonancia.

Corythosaurus
Tenía una cresta en forma de plato puesto de canto.

Diplodocus
A pesar de sus enormes medidas (¡26 m de largo!), su cabeza no era más grande que la de un caballo.

Deinonychus

Saurolophus

Panoplosaurus

Allosaurus
Tal vez cazaba en manada para atrapar piezas mucho mayores que él.

Tyrannosaurus rex
Fue uno de los últimos dinosaurios, y seguramente... ¡el más temido por todos!

Triceratops
Este gran dinosaurio con cuernos podía pesar hasta 10 toneladas y sólo su cabeza medía 2 m de largo.

Stegosaurus
Tenía una hilera de grandes placas en la espalda y al final de la cola le salían cuatro pinchos que le servían de defensa.

Seismosaurus
Posiblemente el animal más largo de la Tierra: medía 37 m.

Los yacimientos más ricos en fósiles de EEUU se encuentran en Utah, Montana, Wyoming, Dakota y Nuevo México. En Canadá destaca el de Alberta.

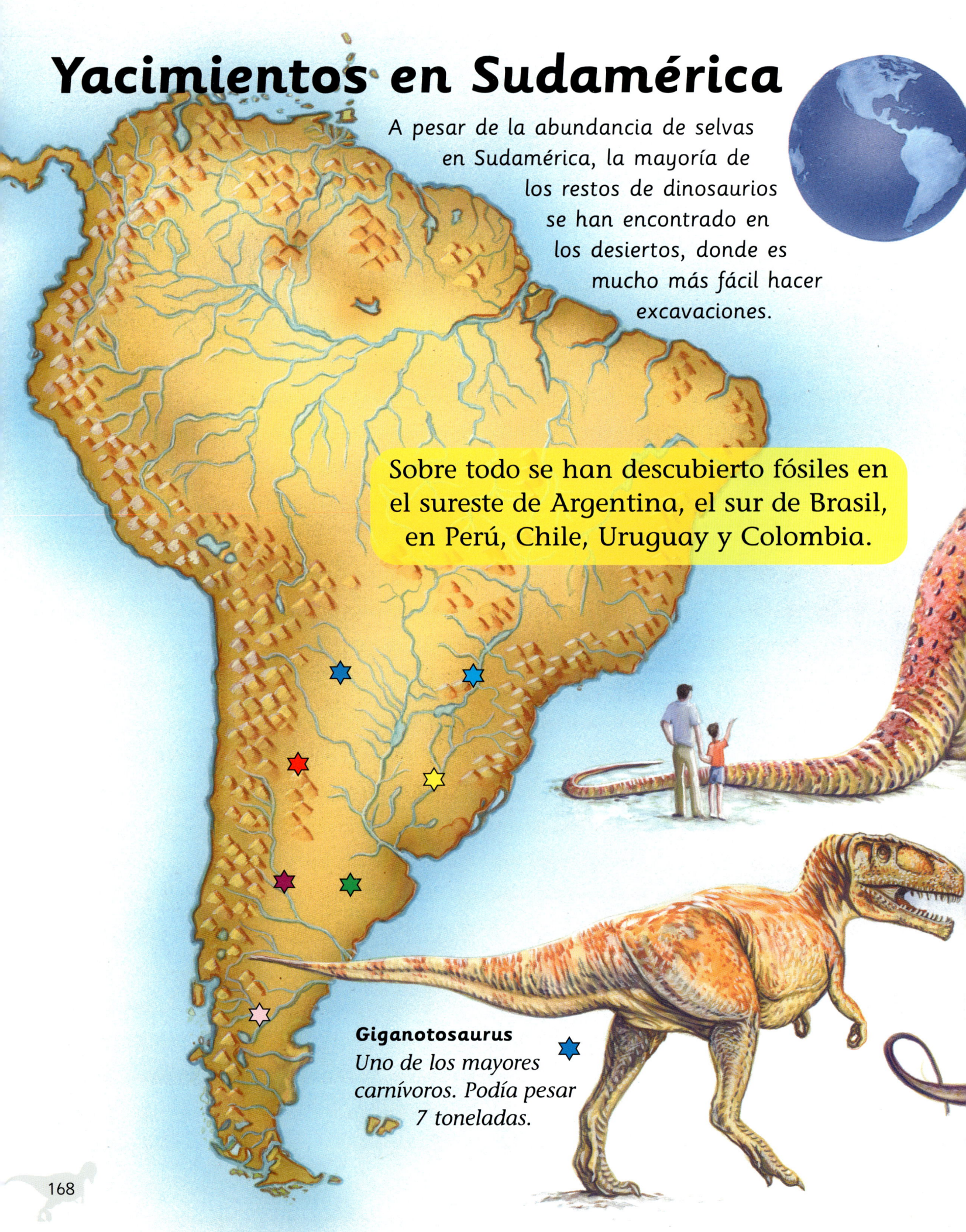

Herrerasaurus
Unos de los dinosaurios más antiguos que se conocen. Era carnívoro y tenía una fuerte mandíbula.

Saltasaurus
Su lomo estaba recubierto de unas placas protectoras.

Eoraptor
Sólo medía 1 m de largo.

Argentinosaurus
Con sus 30 m de largo y 100 toneladas, era el más pesado.

Amargasaurus
Como defensa tenía dos hileras de espinas en el lomo.

Carnotaurus
Su cuerpo estaba cubierto de espinas y encima de los ojos tenía dos cuernos, como los toros.

Yacimientos en Australia

Aunque Australia forma una plataforma continental enorme, no se han encontrado demasiados restos de dinosaurios.

Huellas

Seguramente vivieron en Australia cuando la tierra aún no se había dividido en varios continentes.

Rhoetosaurus
Este enorme herbívoro de 17 m fue de los primeros que existieron en Australia.

Leaellynosaura
Medía 2 m de largo y debía de correr velozmente.

Muttaburrasaurus
Poseía un abultamiento delante de los ojos, quizá para atraer a las hembras.

Yacimientos en la Antártida

Debido a la escasez de tierra firme que hay en la Antártida, es peligroso excavar en su suelo. Aunque sólo se han encontrado dos fósiles, es muy posible que haya muchos más bajo el hielo.

Ankylosaurus
Medía 10 m de largo y además de coraza tenía una maza en la cola.

Minmi
El primer dinosaurio con armadura encontrado en Australia.

En Nueva Zelanda se ha encontrado sólo un hueso de dinosaurio.

Cryolophosaurus
Este gran carnívoro poseía una cresta, posiblemente para atraer a las hembras.

Índice alfabético

A

Acrocanthosaurus, 84-85
Alamosaurus, 75
Albertosaurus, 138
Alioramus, 139
Allosaurus, 48-49, 58-59, 61-62, 139, 158, 166
Amargasaurus, 82-83, 169
Ankylosaurus, 171
Apatosaurus, 46, 61, 64-66, 75
Archaeopteryx, 70-71, 102-103, 160-161
Argentinosaurus, 46, 169

B

Bagaceratops, 111
Barosaurus, 136
Baryonyx, 72-73, 160
Beipiaosaurus, 103
Brachiosaurus, 47-48, 68-69, 163

C

Camarasaurus, 47, 66-67
Camptosaurus, 160
Carcharodontosaurus, 78-80, 86
Carnotaurus, 112-113, 169
Caudipteryx, 102
Centrosaurus, 111
Ceratosaurus, 60-61, 139
Chasmosaurus, 114-115
Cocodrilo, 28-29, 34-35, 72-73, 87, 146, 162
Coelophysis, 28, 45
Compsognathus, 44-45, 160
Corythosaurus, 94-95, 105, 136, 166
Cryolophosaurus, 171

D

Daspletosaurus, 139
Deinonychus, 106-108, 166
Deinosuchus, 34-35
Dilophosaurus, 54-55, 139
Dimetrodon, 18-19
Diplodocus, 47-48, 61-66, 75, 120, 156-157, 166

E

Edaphosaurus, 18-19
Edmontosaurus, 91
Elasmosaurus, 32-33

Eoraptor, 45, 50-51, 169
Euoplocephalus, 120

G

Gallimimus, 100-101, 164
Giganotosaurus, 134, 168

H

Hadrosaurus, 90
Herrerasaurus, 50-51, 169
Homalocephale, 165
Hylaeosaurus, 120
Hylonomus, 16-17
Hypacrosaurus, 90
Hypsilophodon, 45, 74, 104, 160

I

Icarosaurus, 22-23
Ichtyosaurus, 30-31, 149
Iguanodon, 48-49, 74, 76-77, 81, 104, 160-161

K

Kentrosaurus, 163
Kritosaurus, 91

L

Lambeosaurus, 91
Leaellynosaura, 170
Lesothosaurus, 45, 162
Longisquama, 22-23
Lufengosaurus, 165
Lycaenops, 21

M

Maiasaura, 91, 96-97
Mamenchisaurus, 47, 164
Massospondylus, 162
Megalosaurus, 161
Minmi, 171
Mosasaurus, 32-33
Moschops, 20-21
Muttaburrasaurus, 170

N

Nanotyrannus, 138
Nothosaurus, 24-25

O

Ornitholestes, 70
Ouranosaurus, 80-81, 162
Oviraptor, 44, 98-99, 102, 165

P

Pachycephalosaurus, 124-125
Panoplosaurus, 166
Parasaurolophus, 91-93, 166
Pelecanimimus, 45, 160
Pelicosaurio, 18, 21
Pentaceratops, 110, 116-117
Pinacosaurus, 165
Placerias, 28-29
Placodus, 24-25
Plateosaurus, 52-53, 75, 161
Polacanthus, 78-79
Postosuchus, 28-29
Protoceratops, 44, 98, 108-109, 111, 165
Protohadros, 91
Pseudomamíferos, 18
Psittacosaurus, 44, 88-89, 165
Pteranodon, 40-41
Pterosaurios, 37-38, 146

Q

Quetzalcoatlus, 38-39

R

Rhoetosaurus, 170

S

Saichania, 122-123
Saltasaurus, 46, 130-131, 169
Saurolophus, 90, 165-166
Scelidosaurus, 45, 160
Seismosaurus, 47, 167
Shunosaurus, 164
Siamotyrannus, 139, 165
Sinornithosaurus, 103
Spinosaurus, 86-87, 163
Stegoceras, 44, 75
Stegosaurus, 48, 56-58, 61, 120, 158, 167
Stenonychosaurus, 128-129
Stygimoloch, 121, 126-127
Styracosaurus, 121
Suchomimus, 162

T

Tanystropheus, 26-27
Tarbosaurus, 122-123, 139
Tenontosaurus, 106-107
Therizinosaurus, 118-119, 165
Torosaurus, 110
Triceratops, 35, 48, 111, 118, 121, 167
Troodon, 45
Tsintaosaurus, 90, 165
Tuojiangosaurus, 165
Tyrannosaurus, 48, 79, 86, 123, 132-133, 135-136, 138, 150, 156, 165-167

U

Ultrasaurus, 47

V

Velociraptor, 45, 105, 108-109

Y

Yangchuanosaurus, 165